Gerry Loftus
Gudrun Loftus

Video Production:
Peter Dyson

Arbeitsheft

L und Texte

A video-based
German language resource
for advanced students

Oxford University Press

Oxford University Press Walton Street Oxford OX2 6DP

Oxford New York Toronto
Delhi Bombay Calcutta Madras Karachi
Kuala Lumpar Singapore Hong Kong Tokyo
Nairobi Dar es Salaam Cape Town
Melbourne Auckland Madrid

and associated companies in
Berlin Ibadan

Oxford is a trade mark of Oxford University Press

© Oxford University Press 1992

All rights reserved. No part of this publication may be reproduced,
stored in a retrieval system, or transmitted, in any form or by any
means, without the prior permission in writing of Oxford University
Press. Within the U.K., exceptions are allowed in respect of any fair
dealing for the purpose of research or private study, or criticism or
review, as permitted under the Copyright, Designs and Patents Act,
1988, or in the case of reprographic reproduction in accordance with
the terms of licences issued by the Copyright Licensing Agency.
Enquiries concerning reproduction outside those terms and in other
countries should be sent to the Rights Department, Oxford University
Press, at the address above.

ISBN 0 19 912169 9

Designed and typeset by CGS Studios Limited, Cheltenham

Printed in Great Britain

Acknowledgements

The authors and publisher would like to thank the
following for permission to reproduce copyright material:
Sat.1 Blick (all newsbroadcast items); Süddeutsche
Zeitung (all newspaper articles); Associated Press Ltd
(photos on cover and p.8); dpa/Stefan Hesse (photo p.36);
Deutsche Forschungsanstalt für Luft- und Raumfahrt e.V.
(photo p.44); Globus-Kartendienst GmbH (illus. p.33);
Neue Flora Theater, Hamburg (diagram p.38).

We would also like to thank CGS Studios Ltd Cheltenham
(diagram p.9; maps pp.26, 49), Geoff Jones (cartoons
pp.14, 22, 42, 46), Roseanne Jones (OULTC) for technical
assistance with the video, and John Grundy (John Mason
School, Abingdon), John Hill (Kenilworth School,
Kenilworth), Andy Yeomans (Lancashire College, Chorley)
and Mrs E.A Dyson for their comments on the Arbeitsheft
material.

Contents

Preface

Introduction

TV* und Texte is a video-based language teaching package, the core of which consists of carefully selected television news broadcasts and newspaper articles on topical themes for listening and reading comprehension practice.

However, unlike a simple compilation of television and newspaper clips, **TV und Texte** uses specially prepared introductory video commentaries and many introductory "texts" to ensure that all students can cope with the news items presented in the television news broadcasts and newspaper articles.

Language exercises concentrate on the language encountered in the broadcasts and written texts, giving practice in grammar and vocabulary. In the transfer section students have many opportunities to use the language they have acquired in pair work, in role-play, in discussion and follow-up writing tasks.

Each "media unit" thus aims to develop skills of speaking and writing as well as listening and reading skills.

TV und Texte comprises a 50-minute VHS videotape and student activity book, containing 12 media units with texts and exercises, and an appendix with a complete transcript of the video news broadcasts (with duration and lap time of each report indicated) and answers to exercises.

* Teachers using German for classroom instructions should continue to use „Fernseher" when referring to the TV set itself: the abbreviation TV [te fau] has a more restricted usage in German.

Levels and topics

TV und Texte is designed for use at A/S, A level, Scottish Higher and first year undergraduate levels, with flexibility of level ensured by the provision of video commentaries and reading texts at different levels within units.

The topics chosen for each unit correspond to those required by the new A level syllabuses, and often have a human interest element. The topics, as well as their treatment, are also suitable for adult learners, for example in evening classes and language schools.

The *Sat.1* report and newspaper article of each unit generally deal with the same topic, though one can sometimes be easier than the other. And while the later units are generally longer than the earlier ones, each unit is independent of the others so that they can be done in any order.

Although the material has been designed with class use in mind, much of it can nevertheless be used successfully by the individual learner working alone.

A note about the authors

Gudrun Loftus is a lecturer at the University of Oxford in the Modern Languages Faculty and the Language Teaching Centre, and Gerry Loftus is a lecturer at the University of Buckingham Language Centre. They have both taught at school and university level and combine expertise in German language and applied linguistics respectively.

All the materials are appropriate for use by male and female students and this is indicated in the Partnerarbeit exercises. In the longer role-play descriptions, however, to avoid a multiplication of potentially confusing gender forms, only masculine forms have been used though an alternative gender form is usually possible.

There are three stages in each unit: Video, Reading and Transfer.

Stage 1 **TV (Video)**

Einführungsbericht

Each unit starts with an introductory video commentary. This is a slower, shorter, simplified version of the following *Sat.1* report, using vocabulary selected from the report, with captions on screen for some vocabulary items. Each commentary ends with an anticipatory reference to some particular issue which is addressed in the *Sat.1* report, stimulating the viewer to listen carefully to the following report. Some comprehension questions always follow to test basic understanding of the commentary.

Though a valuable component for all students, the introductory video commentary and comprehension questions are particularly useful for A/S level students. At this stage, they are introduced to the subject matter of the report, listen to a commentary spoken at a manageable speed, are introduced to essential vocabulary, and have some items visually fixed in mind by captions. In this way students are able to cope more easily with the language of the original broadcast and approach the original *Sat.1* report with more confidence.

Sat.1 Reportage

This authentic satellite TV news broadcast lasts an average of 2-3 minutes. It begins with the original newsreader introduction, followed by an on-location report, often with interviews of several people, sometimes with regional accents.

The exercises in the activity book are designed to enable the students to focus on various aspects of the broadcast in turn, thereby building up a complete appreciation of the report. Thus in all units there is an exercise on the picture sequence and sometimes also one on the picture/audio commentary to focus students' attention on the relationship between sound and vision. (This is because in TV news reports there is not always a direct correspondence between choice of picture and sound commentary). In this way students can focus on the language used and not later be distracted by the visual images.

In order to maximize the potential of the video pictures, the pause button on the video-recorder should be used where possible to freeze-frame video pictures for description and discussion, etc., particularly for some video exercises.

Comprehension questions are sometimes graded, ranging from true/false types to detailed comprehension questions. This enables students of different ability levels to show understanding of the report. It is recommended that the video commentary be played several times in order to give students the opportunity to concentrate on different parts of the broadcast in turn. To this end a re-recording of the video on audio cassette can be helpful instead of playing the video each time (see later section on video soundtrack for further details).

The comprehension questions are followed by various exercises (**Lexikalische Übung, Einsetzübung, Zuordnung, Synonyme,** etc.) which develop the students' awareness of the language used in the report, ranging from isolated lexical items to collocations and set phrases.

Many units complete this stage with an oral exercise related to the topic which allows the students to draw on their own experience and express an opinion and so forth using many of the words and phrases encountered in the unit.

N.B. Approximate extract timings are given in the Transkript section.

Stage 2 **Reading**

The reading stage often begins with a specially written, short introductory "text". It may take the form of headlines, a leaflet, letter, notice etc. Its purpose is to introduce the subject matter and vocabulary of the following newspaper article in a form which makes the vocabulary items, in particular, more accessible. An exercise usually accompanies the introductory text. This sometimes tests comprehension, or develops the use of the text.

Zeitung

The newspaper article which follows is related to the *Sat.1* report; it can deal with the same aspect, expand the *Sat.1* report, or deal with a different aspect altogether. In addition the newspaper article often has a photo, headlines, introductory paragraph, etc.

Where this is the case, students' attention should be drawn to these features, which often form the basis of the first reading exercise (**Überblick**) in the activity book. This exercise should be done before students attempt to read the newspaper article in depth. It is designed not only to draw students' attention to certain features of the text but also to encourage reading techniques such as scanning, skimming, reading for gist, etc.

Other exercises test simple (true/false) and more detailed comprehension of the article. Together these exercises enable students to move from more general to more detailed information in the text and provide teachers with ample exercises for different levels of student ability.

The exercises which then follow aim to enlarge students' vocabulary in context and usually focus on particular lexical and syntactic characteristics of the source article (for example use of word formation, collocations, passives, participial constructions, etc.). All the exercises are designed to exploit the reading materials fully and prepare students for the final stage.

Stage 3 Transfer

Whereas stages 1 and 2 primarily develop listening and reading skills, stage 3 activates students' writing and speaking skills. The tasks are designed to encourage students to use all the language they have acquired in the previous two stages. Some tasks relate to the topic in the video stage, others more specifically to the reading stage. However, usually they are an extension of both.

The writing tasks often take the form of letters to the editor and letters of complaint but also include an article in a student magazine, diary notes, etc.

Pair work and group work tasks are often provided which entail students collecting and working through data. Sometimes they require the students to plan, organize and execute interviews, surveys, even a campaign.

Role-play descriptions provide detailed situations in which students can use the language of the unit in a structured framework while allowing them to use their imagination freely. The roles, normally four in number, have been written in such a way as to enable the students to identify with them. Role-plays are an invaluable activity in the language classroom: they enable students to contribute in ways which are more difficult to achieve in other settings.

The discussion tasks complement the role-play and provide a forum for students to voice their own opinions. The recommended format for the discussion should initially be group work since this provides the means whereby all students can make a contribution. However, it is important for the teacher to ensure that groups report back to the class as a whole. This provides a clear, final goal for the discussion task.

General notes

1 Many tasks in all stages lend themselves to pair work or group work as well as to being done by individuals. In fact, for some tasks which demand a problem-solving approach, a co-operative framework can be most useful. In addition pair/group work is often appropriate with many other tasks, and can be particularly useful in mixed ability classes.

2 Although **TV und Texte** is not a "write-in" textbook, all units have gap-filling exercises with spaces indicated and many units have "box" exercises to indicate clearly the type of answer required.

Other techniques

1 *Information gap* One half of the students watch the video materials, the other half use the reading materials; they report back to each other, adding information to each other's report to give a complete account of the topic.

2 *Recorded role-play* Students record, either on audio or videotape, the role-play and/or discussion for later comment and analysis.

3 *"Points of view"* The teacher/students select some scenes from several *Sat.1* reports which they find particularly interesting. These are then put together in a television programme together with letters that students write, critically commenting on aspects of the report. The whole can actually be videotaped, with one student reading the "mailbag" and introducing the extracts from the *Sat.1* reports.

4 *Picture/commentary focus* Video pictures or audiotrack are used to fully exploit each other. i) Teacher turns down volume on soundtrack and gets students to add their own commentary to video pictures. ii) Teacher turns down image on screen and gets pupils to suggest possible video pictures.

5 *Press releases* Students write a publicity release handout for the local media (local newspaper/radio/TV station) announcing a forthcoming event related to the topic of the unit. This event can be that actually described in the *Sat.1* report or newspaper article, be related to a task in the transfer section, or be completely imaginary.

6 *Extra texts* Students compose their own introductory "texts" in the form of leaflets, questionnaires, etc. on the subject matter of a unit which does not have such an introduction.

Video soundtrack

Teachers are recommended to use an audio recording of the soundtrack from the videotape for intensive work on the *Sat.1* commentary (useful for some comprehension questions and gap-filling vocabulary exercises). This will sometimes be more convenient to use than the videotape and will also help to minimize the use of the transcript.

Teachers can make their own audio cassette copy by simply connecting a suitable lead, available in most audio/hi-fi shops, from their video recorder to a cassette tape recorder.

Where teachers have access to a language laboratory, the audio track of the video can be recorded onto the students' machines at the same time as the students watch the video. Students thereby hear the commentary more clearly than from a TV set and can later also work at their own pace with the soundtrack.

1 WM-Feiern

■ TV

Einführungsbericht

1/Verständnisfragen

1 Was ist eine WM?

2 Warum sind die Spieler überglücklich, aber abgekämpft?

3 Wie wird die Nationalmannschaft von ihren Fans empfangen?

Sat.1 Reportage

2/Bild und Kommentar

a Welche der folgenden Szenen kommen in der Reportage vor, welche nicht?

1 Rathausplatz

2 Balkon des Rathauses

3 Flugzeug in der Luft

4 Flugzeug auf dem Boden

5 Autokorso in der Stadt

6 Fußballstadion

7 Fußballparty in Rom

b Welche wichtige Szene aus der Reportage fehlt in der obigen Liste?

c Beschreiben Sie, was in den jeweiligen Szenen, die in der Reportage vorkommen, passiert.

3/Verständnisfragen

1 In welchem Zusammenhang werden folgende Zahlen erwähnt?

    30 000

    1 000

2 In was für einem Flugzeug kehrte die Fußballmannschaft nach Deutschland zurück?

3 Was für Pläne haben die Fußballspieler jetzt? Kreuzen Sie an:

a in Urlaub fahren

b noch mehr feiern

c ins Bett gehen

d zu einem Empfang gehen

4 Wie wirkte sich der Autokorso auf den Stadtverkehr aus?

5 Welche Bedeutung hat der WM-Sieg für Franz Beckenbauer?

4/Einsetzübung

Ergänzen Sie aus dem Bericht:

1 Die Siegesfeier wurde zu einem _____ für die Fußballspieler.

2 Das Jubeln der Fans _____ die Stimmung auf den Höhepunkt.

3 Die Anstrengungen bei den WM-Spielen sind den meisten Fußballspielern _____.

4 Tausende von Leuten _____ die Strecke.

5 Die Fans brachten den Verkehr _____ _____.

6 Kaiser Franz Beckenbauer _____ die Ovationen.

7 Die Fußballstars zeigten sich ihren Fans zum Schluß und nahmen das verdiente _____ in der _____.

5/Synonyme

Welche Synonyme finden Sie in der Reportage für folgende Ausdrücke?

1 Klimax

2 Anstrengungen

3 völlig erschöpft

4 an der Strecke stehen

5 großer Applaus

6 zum Stillstand bringen

7 einmalig

6/Gesprächsstoff

a Haben Sie schon einmal an einer Siegesfeier teilgenommen? Beschreiben Sie, was dort alles vor sich ging.

b Haben Sie schon einmal einen Preis (z.B. Sport, Musik, Theater etc.) gewonnen? Beschreiben Sie die näheren Umstände (z.B. Art des Preises, ihre Gefühle, die Feier etc.).

7/Eigener Bericht

Sehen Sie sich die Reportage noch einmal an, diesmal ohne Ton, und arbeiten Sie mit einem/er Partner/in zusammen Ihren eigenen Bericht dazu aus.

Große Fußballparty für die Weltmeisterelf

Tausende von Fans bereiten der Nationalmannschaft einen triumphalen Emfang / Gewinner sind auch die Fahnenhersteller

Von Evelyn Roll

1 Frankfurt, 9. Juli - Als in den frühen Morgenstunden die letzten Fans den Platz vor der alten Oper verließen, war die große Fußballparty am Main noch lange nicht zu Ende. Sie fing erst richtig an. Gegen 11 Uhr fuhren schon wieder, begleitet von Böllerschüssen und Knallfröschen, Tausende von Autos durch die Innenstadt, Dauerhupe und schwarz-rot-goldene Farben obligatorisch: Empfangsfeier für den Fußballweltmeister. Frankfurt machte blau, war blau und trug schwarz-rot-gold.

2 Mitgewinner dieser Fußball-WM sind ohne Zweifel die Hersteller von Flaggen, Fahnen, Schals, Pullovern und Schminke in den Farben schwarz-rotgold, auch die, die den Reichsadler aus der Mottenkiste in ihr Sortiment geholt haben. Von der Innenstadt aus ist schon um 12 Uhr kein Durchkommen mehr zum Römerberg. Nur noch über den Main ist ein Platz vor dem Balkon des Rathauses zu erobern. 10 000 pilgern also zurück über die Friedensbrücke auf die andere Seite des Mains und von da aus über den eisernen Steg zurück zum Römerberg. Schon drei Stunden vor dem Empfang der siegreichen Elf im Kaisersaal des Römers - ein Saal, der schon immer so heißt - haben sich 20 000 Menschen auf dem Römerberg versammelt und verwandeln den Platz vor dem Frankfurter Rathaus - bei einem Wetter, das auch immer schon so heißt - in ein schwarz-rot-goldenes Meer. Das Meer wogte zu Queens zwanzigtausendkehligem „We are the champions" hin und her.

3 Szenen aus der Menge und vom Straßenrand, an dem weitere 10 000 Fans auf den Konvoi vom Flughafen zum Römer warteten: „Wir haben blau gemacht, und der Chef soll ruhig im

EIN BAD IN DER MENGE *nahmen die Champions Pierre Littbarski (links) und Thomas Häßler in Frankfurt*   Photo: AP

Fernsehen sehen, wenn wir jubeln: Deutschland, Deutschland." - „Soll Maradonna weinen. Ich weine auch. Vor Freude" - Ein Fan hat seinen VW-Käfer „in einer Nachtschicht" schwarz-rotgolden lackiert, viele haben ihre Gesichter ebenfalls schwarz-rot-gold gefärbt, sogar einzelne Hunde sind zu besichtigen – in schwarz-rot-goldenem Wams. Tausende Fans auch auf dem Flughafen Rhein-Main.

4 Das Flugzeug aus Rom hat Verspätung, weil die Weltmeister in Italien von Journalisten aufgehalten wurden und weil die Bordbar erst noch einmal neu aufgetankt werden mußte, heißt es. Andy Brehme gibt aus der Luft dem Hessischen Rundfunk ein Interview, das alle hier draußen mithören können. Man habe viel gefeiert, getanzt und getrunken, wenig geschlafen, Elfmeterschießen sei schön. Die Regierungsmaschine mit ihrem kostbaren Inhalt landet schließlich mit einer Stunde Verspätung um 14.38 Uhr, dreht eine Ehrenrunde auf dem Rollfeld, plötzlich ist sie mit einer schwarz-rotgoldenen Fahne geschmückt. Es steigen aus: einige Offizielle, ein Priester in Mönchskutte, Fußball-Ehefrauen, und dann droht die Journalistentribüne, die aus vier Gangways zusammengestellt wurde, unter dem Jubel der professionellen Beobachter plötzlich zusammenzubrechen. Auf der Gangway erscheinen: Lothar mit dem Pokal in der Hand, Litti mit der schwarz-rotgoldenen Flagge, die er wie eine Stola um den siegreichen Leib gewickelt hat, „Tante Käthe", Rudi Völler, der Hanauer, der hier in Hessen besonders gefeiert wird, und schließlich der Kaiser - mit Sonnenbrille. Er wird trotzdem erkannt und gefragt, ob man glücklich sei, schön gefeiert und überhaupt das Bett gesehen habe seit dem Sieg. Nur die letzte Frage wird mit „nein" beantwortet. Eine Stunde später bewegt sich der Autokonvoi an tobenden Fans vorbei in Richtung Innenstadt.

■Texte■

Zeitung

8/Überblick

1 Lesen Sie die Schlagzeile. Welche Aktivitäten assoziieren Sie mit einer großen Fußballparty?

2 Was machten die Fußballweltmeister laut Bildtext?

3 Beschreiben Sie die Szene auf dem Foto. Nennen Sie so viele Einzelheiten wie möglich.

4 In welchem der 4 Abschnitte werden folgende Ausdrücke genannt?

  a „soll Maradonna weinen"

  b „Ehrenrunde auf dem Rollfeld"

  c „ein schwarz-rot-goldenes Meer"

5 Suchen Sie für die Abschnitte, in denen die oben genannten Ausdrücke vorkommen, passende Überschriften.

6 Jetzt, wo Sie den ganzen Artikel gelesen haben, identifizieren Sie, welche Ihrer Assoziationen in Frage 1 im Text erwähnt werden.

9/Verständnisfragen

1 Was passiert an folgenden Orten?

  a vor dem Abflug in Rom:

  b im Flugzeug:

  c auf dem Flughafen:

2 Welche Farbkombination wird mehrmals im Text erwähnt, und mit welcher Bedeutung?

3 Wer sind außer der Nationalmannschaft die Gewinner?

4 Welche Spieler werden namentlich genannt. Was wird über sie gesagt?

5 Welche Interviewfrage beantwortet Franz Beckenbauer mit „nein"?

10/Redewendungen

Was bedeuten die folgenden Ausdrücke? Kreuzen Sie die jeweils richtige Antwort an:

1 blau sein

  a schönes Wetter haben

  b betrunken sein

2 blau machen

  a etwas in verschiedenen Farben anmalen

  b unentschuldigt in der Schule oder am Arbeitsplatz fehlen

3 etwas aus der Mottenkiste holen

  a etwas Altes, das lange nicht benutzt wurde, wieder benutzen

  b etwas Altes, das von Motten angefressen wurde, wegwerfen

11/Lexikalische Übung

Was paßt nicht in die folgende Liste, und warum?

1 „Man habe viel gefeiert, getanzt und getrunken, wenig geschlafen, und Elfmeterschießen sei schön."

2 „. . . im Kaisersaal des Römers - ein Saal der schon immer so heißt". Wie ist der Zusatz zu verstehen?

3 „. . . bei einem Wetter, das auch immer schon so heißt." Wie verstehen Sie diesen Zusatz?

12/Gesprächsstoff

Was ging wahrscheinlich auf dem Flughafen in Buenos Aires vor sich? Wie wurde die argentinische Nationalmannschaft empfangen? Erinnern Sie sich an Bilder aus dem Fernsehen? Wie war die Stimmung?

13/Auf dem Fußballfeld:

Wer macht was? Tragen Sie die entsprechenden Nummern der Spieler ein.

a ( ) Wer begeht das Foul?

b ( ) Wer köpft den Ball?

c ( ) Wer wirft den Ball ein?

d ( ) Wer schießt ein Tor?

e ( ) Wer schießt den Elfmeter?

f ( ) Wer schießt den Ball ins Aus?

g ( ) Wer führt den Eckstoß aus?

h ( ) Wer führt den Freistoß aus?

i ( ) Wer läßt den Elfmeter ins Tor?

■ *Transfer* ▬▬▬▬

14/Leserbrief

Sie haben den Zeitungsartikel über den jubelnden Empfang der Fußballmannschaft gelesen, sind jedoch der Meinung, daß die WM-Feiern viel zu positiv dargestellt worden sind. Sie waren nämlich zum Zeitpunkt der Feiern auch in Frankfurt und haben eher unangenehme Erinnerungen daran. Sie schreiben deshalb einen Leserbrief an die Süddeutsche Zeitung und berichten über Ihre Erfahrungen.

Wählen Sie eine der vorgegebenen Rollen.

Geschäftsmann

Sie wollten am Tag der WM-Feiern geschäftlich nach München fliegen, haben aber wegen des völligen Chaos am Frankfurter Flughafen Ihr Flugzeug verpaßt. Das hat für Ihre Geschäfte unangenehme Folgen.

Tourist

Sie hatten nur einen Tag, um sich die Sehenswürdigkeiten am Tag der WM-Feiern in der Frankfurter Innenstadt anzusehen, und ausgerechnet an diesem Tag waren alle Sehenswürdigkeiten geschlossen. Nicht einmal von außen konnten Sie die Gebäude besichtigen, weil alle Straßen voller Menschen und Autos waren.

Anwohner

Sie wohnen in der Frankfurter Innenstadt. Da Sie Nachtschicht arbeiten, müssen Sie tagsüber schlafen. Das war aber am Tag der WM-Feiern nicht möglich. Als Sie dann abends zu Ihrem Wagen gingen, um zur Arbeit zu fahren, sahen Sie mit Entsetzen, daß jemand Ihr Auto mit einer Sprühdose schwarz-rot-gold angemalt hatte.

Schwangere Frau

Sie waren am Tag der WM-Feiern mit ihrem Mann auf dem Weg ins Krankenhaus, um dort Ihr Kind zu bekommen. Tausende von Fußballfans blockierten jedoch überall die Straßen, so daß alle Wege versperrt waren.

15/Diskussionspunkte

1 Was für Qualitäten sollte Ihrer Meinung nach ein Fußballspieler in einer Nationalmannschaft haben? Machen Sie eine Liste und diskutieren Sie Ihre Ergebnisse in der Klasse.

2 Fußball ist noch immer eine vorwiegend männliche Sportart. Sind Sie der Meinung, daß Frauen aktiver im Fußball vertreten sein sollten? Diskutieren Sie in kleinen Gruppen. Gibt es andere Sportarten, in denen Frauen unterrepräsentiert sind? Aus welchen Gründen, und sollte man die Situation ändern?

3 Kein anderer Sport ist so sehr mit Gewalt verbunden wie Fußball. Würden Sie dieser Aussage zustimmen? Wie stehen Sie zum Problem der Fußball-Rowdies?

16/Rollenspiel

Eine sehr erfolgreiche Fußballmannschaft in Ihrer Stadt sucht einen neuen talentierten Fußballspieler. Viele haben sich beworben, aber nur zwei sind in die engere Auswahl gekommen. Ein Auswahlgespräch mit folgenden Rollen findet statt:

Trainer

Sie brauchen einen guten Fußballspieler, können aber niemanden gebrauchen, der sich nicht voll im Training einsetzen kann und an allen Trainingsstunden (die oft abends und am Wochenende stattfinden) teilnehmen kann. Sie suchen deshalb einen ambitionierten Spieler, der das Training sehr ernst nimmt und der vorzugsweise keine Familie hat.

Mannschaftskapitän

Sie suchen einen Spieler, der anpassungsfähig ist und gut in die bestehende Mannschaft paßt. Am Privatleben und den Familienverhältnissen der Spieler sind Sie wenig interessiert.

Berwerber 1

Sie sind ein ausgezeichneter Torjäger, und Sie haben schon in mehreren guten Fußballvereinen gespielt. Ihren letzten Verein mußten Sie allerdings wegen einer relativ schweren Verletzung verlassen. Sie beteuern jedoch, daß diese Verletzung inzwischen vollständig ausgeheilt ist.

Berwerber 2

Sie sind ein sehr guter Teamspieler. Ihren letzten Verein haben Sie freiwillig verlassen, als Ihre Tochter geboren wurde. Jetzt, wo Ihre Tochter 3 Jahre alt ist, möchten Sie das Fußballspielen wieder ernsthaft aufnehmen. Sie haben in den vergangenen 3 Jahren versucht, sich fit zu halten.

Jeder der beiden Bewerber möchte sich natürlich so positiv wie möglich darstellen und will den Trainer und den Mannschaftskapitän davon überzeugen, daß er der bessere Kandidat ist.

Lassen Sie bei der Ausarbeitung Ihrer Rollen Ihrer Phantasie freien Lauf.

2 | *Abzug ausländischer Soldaten*

■ TV ■

Einführungsbericht

1/Verständnisfragen

1 Was ist eine Garnisonsstadt?
2 Welcher Art sind die Konsequenzen, die der Abzug der französischen Soldaten für die Stadt hat?
3 Was fordert der Ministerpräsident von Rheinland-Pfalz?

Sat.1 Reportage

2/Bild und Kommentar

Bei welcher Szene wird was gesagt? Ordnen Sie die Aussagen den jeweiligen Szenen zu:

Szenen	Aussagen
1 Luftaufnahme von Saarburg	a seit 36 Jahren bedien' ich die Franzosen auch als Kunden
2 Flußpromenade	b internationales Flair
3 Geschäftsfrau vor einer Eisdiele wird interviewt	c Saarburg will seine Franzosen behalten
4 Mann vor einer Bank wird interviewt	d . . . . sich für den Erhalt der französischen Garnison einzusetzen
5 Frau auf der Flußpromenade wird interviewt	e das beschauliche Städtchen
6 Fenster mit Blumen	f es wäre für uns ein echter Verlust
7 Obststand	g Lernziel erreicht
8 junge Leute	h aber das Geld ist es nicht allein
9 Fluß mit Schiff (im Hintergrund)	i die Geschäftsleute sprechen Französisch

3/Verständnisfragen

1 Warum sollen sich die Franzosen beim Abzug Zeit lassen?
2 Wann schrieb der Bürgermeister an Helmut Kohl?
3 Wie stehen die Einwohner Saarburgs zu einem eventuellen Abzug der Franzosen?
4 In welchem Zusammenhang werden die Zahlen 6 000 und 3 000 erwähnt?
5 Wie viele Einwohner hat Saarburg insgesamt?
6 Was bringen die Franzosen in die Stadt? Nennen Sie drei Dinge.
7 Wie verhält sich der französische Kommandeur zum Abzug?
8 Welche Lösung schlägt der Bürgermeister von Saarburg in seinem Brief vor?

4/Einsetzübung

Ergänzen Sie aus dem Bericht:

1 Saarburg ist direkt vom Abzug der französischen Truppen aus der Bundesrepublik _____.
2 . . . , damit die sozialen Folgen für die Region _____ werden können.
3 Der Bürgermeister schrieb an Helmut Kohl, als die _____ über die Abzugspläne der Franzosen _____ wurden.
4 Das bringt Kundschaft und Kaufkraft für die mittelständischen _____.
5 Ich bin Soldat, und wenn ich _____ werde, muß ich gehen.
6 Das alte deutsch-französische _____ gibt es in Saarburg nicht mehr.

DEUTSCH-BRITISCHER FREUNDESKREIS

Sehr geehrtes Mitglied!

Bei unserem letzten Treffen haben wir Möglichkeiten diskutiert, wie unsere britischen Freunde mit ihren Familien besser in unsere Gemeinde integriert werden können.

Wir möchten alle unsere Mitglieder in die Diskussion einbeziehen und würden gerne Ihre Meinung zu unseren Vorschlägen hören (siehe unten).

Da unsere finanziellen Mittel begrenzt sind, können wir nur einige Ihrer Vorschläge in Betracht ziehen. Wählen Sie deshalb nur sechs aus der Liste aus, und geben Sie ihnen die Punkte 1 - 6 (6 = sehr wichtig, 1 = weniger wichtig).

Die Ergebnisse der Umfrage diskutieren wir bei unserem nächsten Treffen, zu dem Sie wieder herzlich eingeladen sind.

Wir danken Ihnen im voraus für Ihre Mitarbeit.

Mit freundlichen Grüßen,

Ihr Vorstandsvorsitzender

MEINUNGSUMFRAGE - VORSCHLÄGE

- ☐ Deutschkurse
- ☐ Eigenes Kinoprogramm
- ☐ Gemeinsame kulturelle Veranstaltungen
- ☐ Babysitterkreis
- ☐ Partnerfamilien aufbauen
- ☐ Benutzung gemeinsamer Erholungsein - richtungen

- ☐ Aufbau einer deutsch-britischen Schule
- ☐ Gemeinsame Ausflüge
- ☐ Gemeinsame Tanzveranstaltungen
- ☐ Kindergartenbetreuung für Kleinkinder
- ☐ Austauschprogramm organisieren
- ☐ Nachhilfestunden für Schüler

Amerikaner bleiben in Berchtesgaden
Keine Gefahr mehr für Erholungseinrichtungen der US-Army

Von Ludwig Fisch

1 Berchtesgaden - Die Wende kam schnell und überraschend: Am vergangenen Samstag protestierten vor dem Berchtesgadener Kur- und Kongreßhaus noch Gruppen von Zivilbeschäftigten des US-Erholungszentrums gegen die Schließung der von amerikanischen Soldaten und ihren Familien belegten Hotels in Berchtesgaden und auf dem Obersalzberg, am Tag darauf konnte Bürgermeister Rudolf Schaupp bereits Entwarnung geben: „Die Amerikaner bleiben." Wie der Bürgermeister von zuständigen US-Behörden erfuhr, sollen die seit 40 Jahren von den Amerikanern genutzten Erholungseinrichtungen in Berchtesgaden und Umgebung zwar reduziert werden, die größten Hotelanlagen sollen aber davon nicht betroffen sein. „Die drei Hotels auf dem Obersalzberg und der ,Berchtesgadener Hof' im Markt werden nicht geschlossen, und das ist für uns das Wichtigste", stellt Schaupp fest.

„Hitler -Tourismus" befürchtet

2 Wie berichtet, hatte man in Berchtesgaden beträchtliche wirtschaftliche Einbußen durch die Schließung der amerikanischen Erholungseinrichtungen befürchtet. Außerdem waren die Arbeitsplätze von 280 Zivilbeschäftigten gefährdet. Dazu kam die Befürchtung, daß die Nazi-Vergangenheit des Obersalzbergs touristisch ausgewertet werden und ein „Hitler-Tourismus" entstehen könnte. „Der Göring-Hügel, das ehemalige Hitler-Haus und die Bunkeranlagen dürfen nicht in falsche Hände fallen", appellierte noch am Wochenende Bürgermeister Schaupp beim Landesparteitag der bayerischen FDP an die Delegierten, während vor dem Kongreßgebäude die um ihre Arbeitsplätze bangenden Demonstranten mit Transparenten gegen die Schließung des US-Erholungszentrums protestierten.

3 Als am nächsten Tag die gute Kunde vom Bleiben der Amerikaner über einen amerikanischen Nachrichtensender verbreitet wurde und Bürgermeister Schaupp die Bestätigung der Wende erhielt, brachte ihn das zur Ansicht: „Die Entscheidung ist im Heeresministerium in Washington gefallen." Bereits vorher war die Rede davon, daß die von der Schließung betroffenen Einrichtungen vom Armed Forces Recreation Center (AFRC) „an die Kontrolle der US Army Europe (USAREUR) zurückgegeben" würden. Dies wurde jetzt auch mit dem Hinweis bestätigt, daß die Ferienanlagen in die Zuständigkeit der US-Armee Europa und des Hauptquartiers Heidelberg übergehen sollen. Daß sich aber die amerikanische Armee so schnell entschließen könnte, die meisten Berchtesgadener Freizeiteinrichtungen weiterzubetreiben, hatte man sich in der Marktgemeinde nicht erhofft. Allerdings werde man, wie Bürgermeister Schaupp berichtet, auf den Fortbestand kleinerer Einrichtungen wie etwa des „Apin In", einer Anlage mit 53 Zimmern in fünf Häusern, künftig verzichten müssen.

4 Details - auch über die künftige Organisationsform des Erholungszentrums - müßten erst noch geklärt werden, sagt der Bürgermeister, der bereits am Dienstag den Marktgemeinderat über die neue Entwicklung unterrichtete. „Wir sind sehr zufrieden", kommentiert Schaupp aber schon jetzt die grundsätzliche Bereitschaft der Amerikaner, ihren Urlaubsstützpunkt am Fuß des Watzmanns beizubehalten.

■*Texte*■

Umfrage

5/Prioritäten

a Lesen Sie den Brief vom Deutsch-Britischen Freundeskreis und füllen Sie den Fragebogen nach den im Brief gegebenen Anweisungen aus.

b Diskutieren Sie Ihre Priorität in einer kleinen Gruppe und erläutern Sie, wie Sie sich die einzelnen Vorschläge vorstellen.

Zeitung

6/Lexikalische Übung

a Die Ausdrücke „zwar - aber" und „allerdings" weisen auf einen Gegensatz hin. Welche Gegensätze werden im Zeitungsartikel konkret damit ausgedrückt?

b „Außerdem" und „dazu kommt" drücken eine Beifügung aus. Welche konkreten Beifügungen werden im Text dadurch eingeleitet?

7/Zeitgeschehen

Welche Ereignisse fanden wann statt? Fassen Sie die Ereignisse stichwortartig unter folgende Zeitbegriffe:

1 am vergangenen Samstag

2 am Tag darauf

3 seit 40 Jahren

4 noch am Wochenende

5 am nächsten Tag

6 bereits vorher

7 jetzt

8 künftig

9 bereits am Dienstag

10 schon jetzt

8/Verständnisfragen

1 Was wird im Text mit „Wende" bezeichnet? Erklären Sie die genauen Umstände.

2 Welche gute Nachricht wird verkündet, und welche Einschränkung gibt es dabei?

3 Welche zwei Befürchtungen gibt es bei einer eventuellen Schließung der Erholungseinrichtungen?

9/Lexikalische Übung

Welches Wort paßt jeweils nicht in die Liste und aus welchem Grund?

1 vergangen/nächste/grundsätzlich

2 beträchtlich/ehemalig/künftig

3 bisher/dazu/jetzt

4 seit/bereits/vorher

5 allerdings/außerdem/auch

10/Grammatikübung

Suchen Sie alle Zitate aus dem Text, die in der wörtlichen Rede geschrieben sind, und setzen Sie sie in die indirekte Rede. Beginnen Sie dabei wie folgt:

1 Der Bürgermeister konnte Entwarnung geben und sagen daß. . . .

2 Schaupp stellt fest. daß . . .

3 Bürgermeister Schaupp appellierte an die Delegierten. daß . . .

4 Bürgermeister Schaupp war der Ansicht. daß . . .

5 Schaupp kommentiert, sie . . .

11/Aktion

Sie wohnen in Berchtesgaden und wären von einer Schließung der Erholungseinrichtungen direkt betroffen. Sie beschließen, an der im Text genannten Demonstration teilzunehmen. Entwerfen Sie für diese Demonstration Spruchbänder und Transparente mit passenden Slogans.

12/Zuordnung

Ordnen Sie jedem substantivischen Ausdruck das im Text verwendete Verb zu:

1 gegen die Schließung	a befürchten
2 wirtschaftliche Einbußen	b weiterbetreiben
3 Arbeitsplätze	c verbreiten
4 gute Kunde	d gefährden
5 auf kleinere Einrichtungen	e beibehalten
6 Details	f protestieren
7 Urlaubsstützpunkt	g verzichten
8 Freizeiteinrichtungen	h klären

■Transfer■

13/Gruppenarbeit

Sie haben von den Abzugsplänen der Franzosen gehört, sind aber überzeugt, daß die meisten Saarburger es begrüßen würden, wenn die Franzosen in Saarburg blieben. Sie bereiten deshalb eine Umfrage vor, durch die Sie herausfinden möchten, wie die Saarbuger zu den Abzugsplänen stehen. Sie möchten unter anderem wissen, wer Kontakt zu den Franzosen hat, welcher Art der Kontakt ist, wer persönlich von einem Abzug der Franzosen betroffen wäre, was für soziale und wirtschaftliche Folgen ein eventueller Abzug hätte etc.

Arbeiten Sie in zwei Gruppen. Eine Gruppe bereitet die Umfrage vor, die andere überlegt sich, wie jeder Einzelne zu den Franzosen steht. In der einen Gruppe arbeiten also die Interviewer, in der anderen die Befragten. Machen Sie dann die Umfrage.

14/Schriftliche Übung

Sie leben seit einiger Zeit in Saarburg und kommen sehr gut mit den Franzosen aus. Sie möchten deshalb unbedingt, daß die Franzosen in Saarburg bleiben. Schreiben Sie einen Brief an den Bürgermeister, in dem Sie ihn bitten, sich für den Erhalt der französischen Garnison einzusetzen. Weisen Sie in Ihrem Brief auf die Umfrage hin, und verwenden Sie bei Ihrer Argumentation deren Ergebnisse.

15/Rollenspiel

Sie sind alle Mitglieder einer Freizeiteinrichtung, die von ausländischen Soldaten und der Zivilbevölkerung gleichermaßen genutzt wird. Dieses Freizeitzentrum könnte bei einem Abzug der Soldaten nicht mehr weiterbetrieben werden. Deshalb findet eine Mitgliederversammlung statt, um die Folgen eines Abzuges zu besprechen und herauszufinden, wie die Mitglieder dazu stehen.

Ausländischer Soldat

Sie sind seit einigen Jahren in Deutschland stationiert und haben sich dort immer recht wohl gefühlt. Jetzt nach der Vereinigung und nach dem Ende des kalten Krieges sehen Sie allerdings keinen Grund mehr, weiterhin in Deutschland zu bleiben. Sie halten deshalb einen Abzug für sinnvoll und freuen sich auch darauf, wieder in Ihr eigenes Land zu gehen.

Friedensaktivist

Sie sind Mitglied der Friedensorganisation BOA (Bundesrepublik ohne Armee) und sind gegen jegliche Militärpräsenz, ausländisch oder deutsch. Sie empfinden deshalb einen Abzug der ausländischen Soldaten als ersten Schritt zur völligen Entmilitarisierung Deutschlands.

Angestellter in der Freizeiteinrichtung

Sie arbeiten seit einiger Zeit in dem Freizeitzentrum und würden bei einem Abzug der ausländischen Soldaten Ihre Arbeit verlieren. Die Arbeitslosigkeit in der Stadt ist sowieso schon recht hoch, besonders die Jugendarbeitslosigkeit.

Deutsche Freundin eines ausländischen Soldaten

Sie haben kürzlich einen netten, jungen Soldaten kennengelernt, der Ihnen sehr gut gefällt. Da Ihre Beziehung gerade am Anfang steht, brauchen Sie unbedingt mehr Zeit, sich näher kennenzulernen. Das wäre bei einem Abzug nicht möglich, und Sie kennen Ihren Freund noch nicht gut genug, um ihm schon jetzt in sein Land zu folgen.

■ TV ▬▬▬▬▬▬▬▬ ○

Einführungsbericht

1/Verständnisfragen

1 Was ist der Pflegenotstand, und welche Gründe gibt es dafür?

2 Welche Art von Krankenhaus wird als Beispiel gewählt?

3 Welche Lösung für das Problem wird vorgeschlagen?

Sat.1 Reportage

2/Bild und Kommentar

Wer sagt was? Tragen Sie die richtigen Kürzel ein:

(N) Nachrichtensprecherin   (P) Pflegeleiter
(F) Fachschwester   (R) Reporterin

1 ( ) . . . da das Hilfspersonal fehlt, müssen wir's halt machen.

2 ( ) Durch Schichtdienst und Wochenenddienst herrscht ständiger Pflegemangel.

3 ( ) Zur Zeit werden hier zehn Beatmungspatienten betreut.

4 ( ) Abhilfe kann man schaffen, indem man den Beruf attraktiver macht.

5 ( ) Also, ausgebildet bin ich für die Pflege am Patienten.

6 ( ) Was viele abschreckt vom Beruf des Krankenpflegers, das ist die viele Arbeit für wenig Geld.

3/Verständnisfragen

1 In welchem Zusammenhang werden die Zahlen 10 und 8, 38 und 32 erwähnt?

2 Warum mußte der letzte Zivildienstleistende vorzeitig entlassen werden?

3 Warum wird der Vorschlag, ein allgemeines Pflegejahr einzuführen, mit Skepsis gesehen?

4/Finden Sie einen Unterschied?

1 „Ein Pfleger auf ein Bett".

2 „Ein Pfleger auf einem Bett".

5/Einsetzübung

Ergänzen Sie aus dem Bericht:

1 Wie viele Menschen darunter zu leiden haben, läßt sich nur _____ _____ .

2 . . . um die Patienten rund um die Uhr richtig _____ _____ _____ .

3 Eigentlich sollten nur acht Betten belegt werden, aber kein Notfall darf _____ _____ .

4 Der Stellenplan sieht 38 Fachpflegekräfte vor, aber nur 32 examinierte Pfleger _____ _____ _____ .

5 Der letzte Zivildienstleistende mußte durch die verkürzte Dienstzeit vorzeitig _____ _____ .

6 Für die Fachpflegekräfte werden Tätigkeiten wie Spülen und Schrubben zur unvermeidlichen _____ .

7 Durch die ständige Zusatzbelastung _____ immer mehr Fachpflegekräfte nach wenigen Jahren _____ .

8 . . . obwohl das in meinen Augen nicht der Schwerpunkt ist, sondern weg von _____ _____ .

9 Können denn, so fragen sie, unmotivierte, billige Kräfte _____ _____ .

6/Gesprächsstoff

a Waren Sie schon einmal als Patient oder Besucher in einem Krankenhaus? Was haben Sie erlebt?

b Haben Sie sich schon einmal überlegt, ob Sie einen Pflegeberuf ergreifen wollen? Geben Sie Gründe. Was für Vor- und Nachteile sehen Sie?

Angestauter Frust bei Pflegepersonal

„Pflegen macht Spaß"

250 000 Pfleger gebraucht

Tränen auf der Intensivstation

Klinikmisere breitet sich aus

Krankenkassen bewilligen zu wenig Pflegestellen

Pflegeberufe wieder erträglich gemacht

Exodus der Krankenschwestern

Arbeitsminister: Krankenhausorganisation beispielhaft

Modellversuch in Regensburger Krankenhaus

Überlastetes Pflegepersonal

Wenn Krankenschwestern weinend „heimgehen"

Sozialminister Glück wird in Regensburg mit der Klinikmisere konfrontiert / Frust im Alltag

Von Rolf Thym

1 **Regensburg** - Unversehens wurde Arbeitsminister Gebhard Glück mit der harten Realität konfrontiert: Während einer Pressekonferenz, die Glück im Regensburger St.-Josefs-Krankenhaus zu den Personalengpässen in den Pflegeberufen hielt, meldeten sich Krankenschwestern zu Wort, die dem Minister ihren Arbeitsalltag schilderten: Selbst wenn alle Planstellen besetzt seien, so berichtete eine Pflegerin, „reicht es nicht aus. Schwestern gehen weinend nach Hause, weil sie es nicht verkraften. Und niemand fühlt sich zuständig - die Politiker schieben das auf die lange Bank". Von einer Vielzahl von „pflegefremden Tätigkeiten", die ihn daran hinderten, seinem eigentlichen Beruf nachzugehen, erzählte ein Pfleger, der anfügte, er würde nichts lieber tun „als meinen Beruf professionell auszuüben, als Wiedergutmachung an den Patienten".

2 Die Misere ist schon seit Jahren bekannt: Die Krankenhäuser bekommen in ihren Verhandlungen mit den Krankenkassen einfach nicht die Zahl von Pflegestellen anerkannt, die nach Meinung der Betroffenen dazu nötig wären, um einerseits die Patienten mit der nötigen Hinwendung pflegen zu können und um andererseits den Pflegerinnen und Pflegern zu ersparen, sich selbst Vorwürfe wegen nicht möglicher Professionalität machen zu müssen.

3 Der alltäglich angestaute Frust,

zahlreiche Überstunden und eine mangelnde Bezahlung führten dazu, daß sich immer weniger junge Leute dafür interessierten, einen Pflegeberuf an Krankenhäusern zu erlernen. Zudem gibt es in der Bundesrepublik - so erklärte Glück in Regensburg - etwa 250 000 ausgebildete Krankenschwestern und Pfleger „im erwerbsfähigen Alter", die nicht in ihrem eigentlichen Beruf arbeiten. „Es ist anzunehmen", so sagte Glück, daß ein wesentlicher Teil dieser ehemaligen Krankenschwestern „in andere Ausbildungen und Berufe abgewandert und von dort aufgrund besserer Arbeitsbedingungen und Bezahlung nicht zurückzugewinnen ist".

4 Am St.-Josefs-Krankenhaus in Regensburg begann nun am Montag ein Kurs, mit dem neun Krankenschwestern, die aus ihrem Beruf ausgestiegen waren, erneut für eine dauerhafte Krankenpflege gewonnen werden sollen. Dieser Regensburger Modellversuch, der bislang der einzige in Bayern ist, wird vom St.-Josefs-Krankenhaus zusammen mit dem Katholischen Krankenhausverband und dem Katholischen Berufsverband für Krankenpflege durchgeführt. Glück sagte, die Erfahrungen dieses Versuchs sollten „auch den übrigen Krankenhäusern in unserem Lande zugänglich gemacht werden" - und zwar im Rahmen jener „Konzertierten Aktion", an der sich rund 30 Verbände und Organisationen aus dem Krankenhausbereich beteiligen, um Auswege

aus dem Pflegenotstand zu finden.

5 Als beispielhaft bezeichnete Glück im übrigen die innerbetriebliche Organisation des St.-Josefs-Krankenhauses, an dem den Vertretern der Pflegeberufe die gleiche Bedeutung wie der Ärzteschaft und der Verwaltung beigemessen wird. Durch die Möglichkeit zu selbständigerem Arbeiten soll den Krankenschwestern und Pflegern ihr Beruf wieder erträglich gemacht werden - wovon freilich auch die Patienten profitieren. So wurde hier beispielsweise schon längst das Ärgernis abgeschafft, daß zu vollkommen unpassenden Tageszeiten die Mahlzeiten gebracht werden.

6 Dennoch, so räumten bei dem Ministerbesuch sowohl die Krankenschwestern und Pfleger wie auch die Verwaltung des Krankenhauses ein, sei man von einem optimalen Betrieb noch weit entfernt. Um den zu erreichen, müßten einfach mehr Pflegekräfte eingestellt und vor allem deutlich besser bezahlt werden können. Was ihnen generell zu schaffen mache, so betonten etliche Krankenschwestern, sei der Umstand, daß durch die durchaus angebrachte Kritik leider der gesamte Beruf als nicht attraktiv angesehen werde, was vollkommen falsch sei: Kranke zu pflegen, sei nämlich eine der schönsten Aufgaben.

■*Texte*■

Schlagzeilen

7/Überblick

a Lesen Sie die Schlagzeilen (S.16. oben). und sortieren Sie sie nach positiven und negativen Aussagen.

b Wo kommen diese Schlagzeilen. anders gesagt. im Zeitungsartikel vor?

Zeitung

8/Richtig oder falsch?

Sind folgende Behauptungen richtig (r). falsch (f). oder werden sie überhaupt nicht im Text erwähnt (-)?

1 ( ) Die Krankenschwestern meinen. die Politiker seien nicht daran interessiert. eine schnelle Lösung des Problems zu finden.

2 ( ) Die Misere ist erst seit dem Ministerbesuch bekannt geworden.

3 ( ) Die Krankenkassen sind auch teilweise für die Misere verantwortlich.

4 ( ) Der Minister meint. daß die meisten ehemaligen Krankenschwestern. die jetzt in anderen Berufen arbeiten. leicht für Pflegeberufe zurückzugewinnen sind.

5 ( ) Es gibt auch in anderen Bundesländern Modellversuche wie in Regensburg.

6 ( ) Ärzte haben im St.-Josefs-Krankenhaus einen höheren Status als Pflegekräfte.

7 ( ) Mahlzeiten werden im St.-Josefs-Krankenhaus zu normalen Zeiten serviert.

8 ( ) Nach dem Ministerbesuch fand eine große Demonstration statt.

9/Verständnisfragen

1 Wie reagieren Pflegekräfte auf die Misere in Pflegeberufen? (Drei Reaktionen)

2 Wer sagt was? Finden Sie aus dem Text alle Äußerungen zu dem Thema Pflegenotstand und ordnen Sie sie den folgenden Personen zu:
Minister
Krankenschwestern/pfleger
Krankenhausverwaltung

3 In der *Sat.1* Reportage hieß es. „daß noch 250 000 Pfleger gebraucht werden". Im Zeitungsartikel jedoch wird diese Zahl in einem etwas anderen Zusammenhang genannt. Erklären Sie den Unterschied.

4 Wie versucht das St.-Josefs-Krankenhaus in Regensburg. Abhilfe zu schaffen?

5 Inwiefern ist dieser Modellversuch beispielhaft?

10/Paraphrase

In dem Zeitungsartikel wird die gleiche Misere geschildert wie in den Fernsehnachrichten. aber zum Teil mit anderen Worten. Finden Sie aus dem Zeitungstext Wendungen. die ungefähr den gleichen Sachverhalt ausdrücken wie die folgenden. Die Abschnitte. in denen die Ausdrücke vorkommen. sind jeweils angegeben.

1 Pflegenotstand: (1) *Personalengpässe in den Pflegeberufen*

2 berufsfremde Tätigkeiten: (1)

3 zu viel Arbeit: (3)

4 wenig Geld: (3)

5 was viele abschreckt vom Beruf des Krankenpflegers: (3)

6 . . . springen immer mehr Fachpflegekräfte nach wenigen Jahren ab: (3)

7 . . . indem man den Beruf attraktiver macht. finanziell attraktiver: (6)

11/Synonyme

Finden Sie aus dem Text acht Alternativen für das Verb „sagen".

12/Indirekte Rede

Geben Sie die Kommentare der Krankenschwestern/-pfleger und der Krankenhausverwaltung. die im letzten Abschnitt genannt werden. in direkter Rede wieder. Beispiel:

„Man ist von einem optimalen Betrieb noch weit entfernt . . . ."

■ *Transfer* ■

13/Partnerarbeit

Wer sollte Ihrer Meinung nach welche Tätigkeiten ausüben? Ordnen Sie die Tätigkeiten in dem Kästchen den jeweiligen Berufen zu. Rechtfertigen Sie anschließend in einer Gruppe Ihre Entscheidung.

Ärzte	Krankenschwestern/-pfleger	Hilfspersonal

Spülen und Schrubben
Spritzen geben
Patienten untersuchen
Essen austeilen
Diagnosen stellen
Verbände wechseln
Berichte tippen
Betten machen
Operationen durchführen
Medikamente verordnen
Medikamente austeilen
mit Verwandten der Patienten sprechen
mit den Patienten sprechen

14/Schriftliche Übung

1 Sie liegen seit einer Woche im Krankenhaus und müssen noch etwa eine Woche dort bleiben. Sie finden die Versorgung dort katastrophal und sind schockiert über den Mangel an qualifizierten Pflegekräften. Da Sie vorhaben, sich, wenn Sie wieder gesund sind, bei der Krankenhausleitung über die Zustände zu beschweren, führen Sie über alle Vorkommnisse genauestens Tagebuch, damit Sie in Ihrem Beschwerdebrief keine wichtigen Details vergessen. Beschreiben Sie in Stichworten den bisher schlimmsten Tag.

2 Sie studieren Europakunde an einer deutschen Universität und arbeiten zur Zeit an einer vergleichenden Studie über das Gesundheitswesen in verschiedenen europäischen Ländern. Im Rahmen dieser Arbeit sehen Sie sich in den Semesterferien drei Wochen lang in einem deutschen Krankenhaus um. Schreiben Sie einen Bericht über Ihre Erfahrungen.

15/Rollenspiel

Die Krankenhausleitung will alles unternehmen, um dem Pflegenotstand abzuhelfen. Zu diesem Zweck veranstaltet sie eine Diskussion, an der Vertreter des Pflegepersonals und Patienten teilnehmen, die über ihre Erfahrungen sprechen.

Zivildienstleistender

Sie arbeiten seit fast einem Jahr in diesem Krankenhaus und fühlen sich sehr wohl. Ein wichtiger Aspekt bei Ihrer Arbeit ist für Sie das Gespräch mit den Patienten. Durch die verkürzte Dienstzeit geht Ihre Zeit hier in zwei Wochen zu Ende. Das tut Ihnen sehr leid, weil Sie glauben, hier noch länger gebraucht zu werden. Sie würden jedem empfehlen, irgendwann einmal im Krankenhaus zu arbeiten.

Praktikantin

Sie müssen im Rahmen Ihres Medizinstudiums ein 6-monatiges Praktikum absolvieren. Die Arbeit macht Ihnen keinen Spaß, weil Sie trotz Ihrer medizinischen Kenntnisse nur Hilfstätigkeiten ausführen dürfen. Sie fühlen sich ausgenutzt. Sie sprechen allerdings gerne mit den Patienten über ihre Krankheiten, weil Sie das wichtiger finden als Spülen und Schrubben.

Krankenschwester

Sie allein sind für die Station verantwortlich und sind völlig überlastet. Sie brauchen unbedingt mehr ausgebildete Pfleger. Den Zivildienstleistenden schätzen Sie wegen seines Engagements. Die Praktikantin halten Sie jedoch für faul und finden sie eher eine Belastung als eine Hilfe.

Patient

Sie sind Privatpatient und finden die Zustände hier katastrophal, besonders den Mangel an qualifizierten Pflegekräften. Sie erwarten nicht nur bessere medizinische Betreuung, sondern auch mehr persönlichen Kontakt. Sie kommen gut mit dem Zivildienstleistenden und der Praktikantin aus, jedoch weniger gut mit der Krankenschwester, die immer schlecht gelaunt ist.

Ihrer Phantasie bei der Ausführung Ihrer Rollen sind natürlich keine Grenzen gesetzt.

4 | *Ausbildung*

Einführungsbericht

1/Verständnisfragen

1 Wo arbeitet der Russe?

2 Welche Orientierung hat die Marktwirtschaft im Westen?

3 Nennen Sie zwei Dinge, die den Russen sehr beeindrucken.

4 Welche Hoffnung hat der Russe für sich selber, wenn er wieder zu Hause ist?

Sat.1 Reportage

2/Bild und Kommentar

Wer macht was? Beschreiben Sie den Betriebsablauf auf dem bayerischen Bauernhof, und nennen Sie dabei drei Aktivitäten, die in der Reportage gezeigt werden. Verbinden Sie dazu jeweils drei Begriffe aus dem Kästchen zu einem vollständigen Satz. Beispiel:
Sergeij fährt die Schubkarre in den Stall.

Computer	erklären	~~Schubkarre~~
	Traktor	Putenstall
Getreide		Feld
	~~Stall~~	~~fahren~~
prüfen	Heu	verteilen

3/Verständnisfragen

1 In welchem Zusammenhang werden die Zahlen 26 und 300 erwähnt?

2 Was züchtet der bayerische Bauer?

3 Nennen Sie die zwei Dinge, die der russische Praktikant auf dem bayerischen Bauernhof kennenlernt.

4 Was sagt Sergeij über die Effektivität der bayerischen Bauern im Vergleich zu russischen?

5 Nennen Sie zwei Gründe, warum der Sprecher des Bayerischen Bauernverbandes die russischen Bauern nicht als Konkurrenz betrachtet.

4/Lexikalische Übung

a 1 Welche drei Verben werden in der Reportage verwendet, die den Lernprozeß des russischen Praktikanten beschreiben?

2 Welcher Oberbegriff wird in der Reportage für "Puten" verwendet?

3 Finden Sie alle in der Reportage verwendeten Zusammensetzungen aus dem Verb „wirtschaften".

4 Wie betreiben Kapitalisten Landwirtschaft? Finden Sie alle Begriffe und Wendungen aus der Reportage, die die westliche Landwirtschaft beschreiben.

b Wie werden die folgenden Aussagen in der Reportage ausgedrückt?

1 Ein russischer Bauer macht auf einem bayerischen Bauernhof eine Ausbildung.

2 Dem sowjetischen Jungbauern gefällt es bei seinem Lehrherrn.

3 Ermakov lernt, wie ein Familienunternehmen geführt wird.

4 Der moderne Maschinenpark fasziniert ihn gewaltig.

5 . . . wenn die Reformen in der Sowjetunion sich soweit entwickelt haben.

TAG DER OFFENEN TÜR

Wir laden Sie ein!

Wir haben für jeden etwas. Unsere Berufsbildenden Schulen umfassen Berufsschule, Handelsschule und Wirtschaftsgymnasium.

- Ob Sie Theorie und Praxis verbinden wollen
- Ob Sie eine kaufmännische Laufbahn einschlagen wollen
- Ob Sie mehr akademisch orientiert sind
Wir bieten Ihnen die Möglichkeit dazu.

Bei uns gibt es eine Vielzahl von Ausbildungsmöglichkeiten mit einer Vielzahl von Fächern. Ein Schulabschluß von uns qualifiziert Sie für

- das Arbeitsleben
- weiterführende Schulen (evtl. auch Fachhochschulen)
- Universität

Ein Besuch bei uns öffnet Ihnen Tür und Tor in eine erfolgreiche Karriere.

Sehen Sie sich um, und schreiben Sie sich gleich ein!

Wir freuen uns auf Sie.

Ihre Schulleitung

Universität erstickt in Anmeldungen

Betriebswirtschaftslehre droht der Kollaps

Präsident Steinmann: Verhalten der ZVS ein Skandal / Sechs Studenten auf einem Studienplatz

Von Berthold Neff

1 Die Münchner Ludwig-Maximilians-Universität (LMU) bricht unter dem Ansturm der Bewerber auf das Fach Betriebswirtschaftslehre (BWL) zusammen. Uni-Präsident Wulf Steinmann fand gestern harsche Worte, als er gegen die „Offenhaltungspolitik" der Zentralstelle für die Vergabe der Studienplätze (ZVS) zu Felde zog und die sofortige Einführung des Numerus clausus forderte.

2 Er nannte die „ Verantwortungslosigkeit der ZVS" einen Skandal. Es sei ein „katastrophaler Fehler" gewesen, BWL zum Wintersemester 1990/91 aus dem Auswahlverfahren zu nehmen. Nun kämen bundesweit 26 552 Bewerber auf 10 262 Plätze, also 2,6 Bewerber auf einen Studienplatz. An der LMU jedoch drängelten sich gar 1850 Bewerber um 243 Studienplätze, das sind 7,6 Bewerber pro Platz.

3 Etwa ein Drittel davon, nämlich mehr als 600 Studierende, müsse die LMU aufnehmen, so daß sich die Studienbedingungen für BWL-Studenten an der LMU weiter verschlechterten. Damit sei das Fach BWL an der LMU dreifach, eigentlich sogar vierfach überbelegt. Hinzu komme, daß einer der BWL-Lehrstühle nicht besetzt werden konnte, so daß die wissenschaftliche Betreuung eines BWL-Studenten insgesamt etwa sechsmal schlechter sei als die eines BWL-Studenten an der Fachhochschule.

4 Der wissenschaftliche Nachwuchs werde in der Bewältigung dieser Überlast verschlissen. In den letzten zehn Jahren habe es an der LMU nur vier Habilitationen im Fach BWL gegeben. Es fehle an Privatdozenten; den Assistenten bleibe meist keine Zeit zur Promotion, so daß viele in die Wirtschaft abwanderten. Auch der große Nachholbedarf, den die Universitäten der DDR gerade im Bereich Betriebswirtschaft verspüren, mache sich bemerkbar: Dies werde die Personalknappheit verschärfen.

5 Der CSU-Landtagsabgeordnete Paul Wilhelm, der als Kuratoriumsmitglied der LMU und Mitglied des Landtags-Haushaltsausschusses bei der Pressekonferenz zugegen war, sagte zu, er und seine Fraktion würden sich dafür einsetzen, daß das Auswahlverfahren wieder eingeführt wird. Er sagte, der Freistaat habe Überdurchschnittliches für seine Universitäten geleistet und das am höchsten dotierte Überlastprogramm bewilligt, also Sondermittel für die Bewältigung zusätzlicher Aufgaben.

6 Von den Ausbauplänen, die Steinmann vorstellte, begrüßte er besonders den Lehrstuhl für Gegenwarts-Japanologie, der mit Unterstützung der japanischen Regierung bereits im nächsten Jahr eingerichtet werden soll. Damit habe man, so Steinmann, der wachsenden Bedeutung des asiatischen Raumes Rechnung getragen. Bislang sei es so, daß viel mehr Japaner in Deutschland als Deutsche in Japan studierten. Man hoffe nun, daß dieser Lehrstuhl ein Grundstein dafür sein werde, daß sich deutsche Studenten Japan erschließen.

■*Texte*■

Flugblatt

5/Verständnisfragen:

Was wird in dem Flugblatt über Berufsschule, Handelsschule und Wirtschaftsgymnasium gesagt?

Berufsschule

➤ _____

Handelsschule

➤ _____

Wirtschaftsgymnasium

➤ _____

Zeitung

6/Überblick

1 Lesen Sie nur die Schlagzeilen. Worin besteht laut Schlagzeile der Kollaps?

2 Lesen Sie den ganzen Artikel. Geben Sie Details über den schon im Titel erwähnten Kollaps.

7/Verständnisfragen

1 a Finden Sie aus dem Text die jeweilige Bedeutung für folgende Kürzel: LMU, BWL, ZVS

   b Wissen Sie auch, was die Abkürzungen DDR und CSU bedeuten?

2 Was fordert der Uni-Präsident?

3 Was genau bezeichnet der Uni-Präsident als Skandal?

4 Inwiefern ist die Situation der Bewerber für BWL an der LMU besser oder schlechter als bundesweit?

5 In welchem Zusammenhang werden die Zahlen 1850 und 600 genannt?

6 Welche Auswirkungen hat die Misere an der LMU auf das Lehrpersonal?

7 Welche Rolle spielt die ehemalige DDR bei diesem Problem?

8 Welche Lösung sieht der CSU- Landtagsabgeordnete?

9 Welches andere Fach (außer BWL) wird im Zeitungstext erwähnt, und in welchem Zusammenhang?

8/Grammatikübung

a Identifizieren Sie bei folgenden Sätzen den Kasus (Nom./Akk./Dat./Gen.) und erklären Sie, warum welcher Kasus benutzt wird:

1 Betriebswirtschaftslehre ( ) droht der Kollaps ( ).

2 Uni-Präsident Wulf Steinmann zog gegen die Offenhaltungspolitik ( ) der Zentralstelle ( ) für die Vergabe ( ) der Studienplätze ( ) zu Felde ( ) und forderte die sofortige Einführung ( ) des Numerus clausus ( ).

3 An der LMU ( ) drängelten sich 1850 Bewerber ( ) um 243 Studienplätze ( ).

4 Etwa ein Drittel ( ) davon, nämlich mehr als 600 Studierende ( ), muß die LMU ( ) aufnehmen.

5 Den Assistenten ( ) bleibt keine Zeit ( ) zur Promotion ( ), so daß viele in die Wirtschaft ( ) abwandern.

6 Es fehlt an Privatdozenten ( ).

7 Man hat der wachsenden Bedeutung ( ) des asiatischen Raumes ( ) Rechnung getragen.

b Ergänzen Sie in folgenden Sätzen jeweils den bestimmten Artikel im richtigen Kasus:

1 _____ wissenschaftliche Nachwuchs wird in _____ Bewältigung dieser Überlast verschlissen.

2 Paul Wilhelm, _____ als Kuratoriumsmitglied _____ LMU bei _____ Pressekonferenz war, sagte zu.

3 Von _____ Ausbauplänen für _____ Universität begrüßte er besonders _____ Lehrstuhl für Gegenwarts-Japanologie.

4 Der Lehrstuhl soll mit _____ Unterstützung _____ japanischen Regierung eingerichtet werden.

■ *Transfer* ■

9/Partnerarbeit

Die russischen Praktikanten kommen aus einem Land, das sich sehr von Deutschland unterscheidet. Welche Unterschiede würden den Praktikanten Ihrer Meinung nach auffallen?

Machen Sie eine Liste, und beziehen Sie sich dabei auf die Reportage und Ihre eigenen Erfahrungen und Kenntnisse.

10/Schriftliche Übung

Sie studieren BWL (Betriebswirtschaftslehre) und Deutsch an einer Universität. Im Rahmen dieses Studiums müssen Sie ein 8-wöchiges Praktikum absolvieren.

Sie bekommen mehrere Angebote aus folgenden Industriezweigen: landwirtschaftlicher Betrieb, Dienstleistungsbetrieb und Herstellungsindustrie.

Entscheiden Sie sich für eines der Angebote und schreiben Sie für Ihren Tutor einen Erfahrungsbericht über Punkte wie z.B.: normaler Tagesablauf, benutzte Technologie, was Sie gelernt haben, was Ihnen besonders gefallen bzw. nicht gefallen hat, wovon Sie am meisten profitiert haben (z.B. mehr sprachlich oder mehr BWL betreffend) etc.

11/Diskussion

a Sie haben gerade Ihr Abitur bestanden und stehen vor der Entscheidung, welche der folgenden Laufbahnen Sie einschlagen wollen:

1 Eine Firma, nicht weit von Ihrem Wohnort, hat Ihnen eine recht gut bezahlte und sichere Stelle angeboten. Bei dieser Firma besteht jedoch keinerlei Möglichkeit der Ausbildung oder späteren Weiterbildung.

2 Eine andere Firma, ziemlich weit von Ihrem Wohnort entfernt, hat Ihnen einen 2-jährigen Vertrag für eine Arbeitsstelle mit gleichzeitiger Ausbildung angeboten. Es besteht allerdings nicht die Möglichkeit, länger als diese zwei Jahre bei der Firma zu arbeiten.

3 Sie haben einen Studienplatz für BWL an einer Fachhochschule angeboten bekommen. Sie haben gehört, daß das Studium an einer Fachhochschule praxisnäher ist, daß aber ein Fachhochschulabschluß nicht denselben Status wie ein Universitätsabschluß hat.

4 Sie haben einen Studienplatz für BWL an einer Universität angeboten bekommen. Sie haben gehört, daß die Universitäten ziemlich überfüllt sind, und daß die Ausbildung nicht sehr praxisorientiert ist.

Diskutieren Sie in kleinen Gruppen die Vor- und Nachteile dieser vier Angebote.

b Sie haben sich sicher schon häufig überlegt, was Sie machen wollen, wenn Sie mit der Schule fertig sind, also welche berufliche Laufbahn Sie einschlagen wollen.

Unterhalten Sie sich in kleinen Gruppen über dieses Thema. Erläutern Sie dabei, warum Sie gerne einen bestimmten Beruf ergreifen wollen, und was Sie von den Berufsvorstellungen Ihrer Diskussionspartner halten.

12/Gruppenarbeit

a Sie studieren BWL an einer deutschen Universität. Sie wollen auf die katastrophalen Zustände im Fach BWL hinweisen und sind der Meinung, daß endlich etwas geschehen muß, um die Situation zu verbessern.

Diskutieren Sie in einer Gruppe, was Sie erreichen wollen und welche Maßnahmen am besten zur Erreichung Ihres Ziels geeignet sind.

b Wenn Sie sich über die Art Ihrer Aktion einig sind, bereiten Sie sie in Einzelheiten vor.

■ *TV* ■

Einführungsbericht

1/Verständnisfragen

1 Mit welchen 3 Schlagworten wirbt die Deutsche Bundesbahn für sich?

2 Ergänzen Sie die folgende Tabelle aus dem Text:

Bahn	LKWs auf Straßen
_____ _____	
umweltfreundlich	_____ _____

3 Warum benutzt die Bahn oft Speditionen für den Reisegepäcktransport?

Sat.1 Reportage

2/Bild und Kommentar

Was wird in der Reportage gezeigt? Machen Sie eine Liste, in denen Sie stichwortartig fünf Szenen beschreiben.

3/Verständnisfragen

1 Der Nachrichtensprecher macht einen Fehler, den er allerdings sofort selber verbessert. Welchen?

2 Wie heißt laut Nachrichtensprecher das „neue Zauberwort" der Bundesbahn, und was bedeutet es?

3 Was wird der Deutschen Bundesbahn vorgeworfen?

4 Was für eine Rolle spielt das Gesetz bei der Deutschen Bundesbahn?

5 Was kann der umweltbewußte Reisende nur tun?

4/Gegenteile

Finden Sie aus der Reportage jeweils *zwei* gleichbedeutende Gegenteile für die folgenden Begriffe:

1 teuer

2 umweltbelastend

5/Synonyme

Ersetzen Sie die unterstrichenen Ausdrücke durch die in der Reportage verwendeten:

1 Dieser LKW hier <u>fährt</u> zum Beispiel dreimal täglich zwischen Hamburg und Stade <u>hin und her</u>.

2 Für die Verkehrspolitik ist der Verkehrsminister <u>verantwortlich</u>.

3 Die Gesetzeslage <u>fordert</u> von der Deutschen Bundesbahn, . . .

6/Einsetzübung

Ergänzen Sie aus dem Bericht:

1 Verlegen ist sie nämlich manchmal dann, wenn es um das _____ _____ _____ _____ geht.

2 Den Transport haben zu einem großen Teil Speditionen _____.

3 Die Werbung ist eindeutig, aber die Realität _____ _____.

4 Die Deutsche Bundesbahn muß sich wie ein Wirtschaftsunternehmen am Markt _____.

5 Deshalb muß sie alle Leistungen, die andere besser _____ können, von diesen machen lassen.

6 Die Gesetzeslage verlangt, daß die Deutsche Bundesbahn wie ein Wirtschaftsunternehmen _____ wird.

7/Grammatikübung

a Welche der folgenden in der Reportage verwendeten Verben sind trennbar, welche nicht?

umsetzen	umschlagen
übernehmen	abholen
ausliefern	behaupten
erbringen	

b Wählen Sie die richtige Präposition und verbinden Sie damit jeweils zwei Satzglieder zu einem sinnvollen Satz:

1 Die Bahn ist verlegen	a Straße
2 Es geht	b die Verkehrspolitik
3 Die Schiene ist die Alternative	c die Werbung
4 Die Realität spricht	d der Deutschen Bundesbahn, daß . . .
5 Die DB behauptet sich	e das Umsetzen in die Praxis
6 Der Verkehrsminister ist zuständig	f gute Konzepte und Slogans
7 Die Gesetzeslage verlangt	g Markt

gegen/an/zu/um/von/für/um

Der kombinierte Ladungsverkehr
ist der Güterverkehr der Zukunft

Wir lassen unsere LKWs auf die Schiene rollen.
Das hat Vorteile für die Umwelt und für Ihr Geschäft.

Hohe Geschwindigkeiten (160 km/h)
und Transport ohne Unterbrechung bedeutet:
Güter sind schneller am Zielort.
Das verbessert Ihre Wettbewerbsposition.

Reden Sie mit uns. ◉ Spedition Gebrüder Graf

Bundesbahn bringt ihren Güterverkehr auf Trab
Der InterCargoExpreß soll Wirtschaftszentren enger miteinander verbinden

Hannover/Würzburg (dpa) - *Die Deutsche Bundesbahn (DB) bringt künftig ihren Güterverkehr „auf Trab". Die Zauberformel heißt „InterCargoExpreß". Mit diesen neuen Zügen werden mit Beginn des Sommerfahrplans im Juni auf den Neubaustrecken Hannover-Würzburg und Mannheim-Stuttgart die Güter mit 160 Kilometer pro Stunde über die Schiene rollen. Die Wirtschaftszentren Hamburg und München sowie Bremen und Stuttgart sollen dadurch enger miteinander verbunden werden. Die Güter werden dann laut Bundesbahn ihre Laufzeiten zwischen diesen Regionen auf neun beziehungsweise acht Stunden verkürzen.*

1 Fachleute der Transportwirtschaft und Journalisten bekamen während einer Präsentationsfahrt des ersten InterCargoExpreß von Hannover nach Würzburg einen Vorgeschmack auf die künftige Hochgeschwindigkeit im Schienengüterverkehr. In dieses neue Transportsystem setzen Bahn und Wirtschaft große Hoffnungen. Im sogenannten „Nachtsprung" haben die InterCargoExpreß-Züge freie Fahrt. Sie werden nicht wie die bisherigen Güterzüge auf Knotenbahnhöfen auseinandergerissen, sondern sie gelangen ohne Unterbrechung zum Zielort.

2 Im kombinierten Ladungsverkehr lassen sich dadurch Transportzeiten von rund zwei Stunden gewinnen. Dabei können Ladenschlußzeiten noch nach 20.00 Uhr genutzt werden. „Im Wettbewerb zum Lkw muß die Bahn die Zeit auf der Fernstrecke aufholen, die sie im Vorlauf - auf Straße und Schiene - und in den Schnittstellen

verplempert", beschreibt Roland Heinisch, Bereichsleiter Marketing/ Leistungsplanung Güterverkehr der Deutschen Bundesbahn, die künftige Strategie. Mit dem neuen Konzept will die Bahn in der Kombination „Neue Infrastruktur" und „Neue Fahrzeugtechnologie" ihre Wettbewerbsposition in den anspruchsvollen Märkten sichern und verbessern. Dabei setzt sie besonders auf den Teilladungsmarkt. Ihm werden aufgrund eines überproportionalen Zuwachses an „zeitkritischen" Gütern große Wachstumsraten eingeräumt.

3 Der kombinierte Ladungsverkehr ver zeichnet laut Bundesbahn derzeit Umsatz zuwächse von 40 Prozent, während der Güterverkehr insgesamt nur „bescheiden" wachse. Hier sind nach den Worten des DB- Vorstandsvorsitzenden Heinz Dürr künftige gezielte Investitionen und eine enge Zusammenarbeit mit der Industrie erforderlich, um optimale Ergebnisse zu erzielen. Die Transportfracht

Deutsche Transportgesellschaft mbH verspricht sich von den Hochgeschwindigkeits-Güterzügen im maritimen Containerverkehr eine Entzerrung der Schnittstelle Hinterlandterminal. „Der Hafen rückt dem Hinterland wieder etwas näher", erklärte Geschäftsführer Henning Meier-Lüdersen. Mit Tempo 160 werde das Leistungsangebot im maritimen Containerverkehr „immens erweitert".

4 Die modernen Waggons des InterCargoExpreß bringen auch Farbe in den Güterverkehr. Dadurch lassen sie sich für alle am Transport Beteiligten sofort unterscheiden und einzeln bestimmen. Außerdem sind sie so beschaffen, daß sie auch die nach den neuesten EG-Vorschriften zugelassenen Sattelanhänger mit einer Länge bis zu 13,60 Meter sowie Wechselbehälter/Container auch mit Längen bis zu 7,82 Metern befördern können.

■ *Texte* ■

Werbeplakat

8/Verständnisfragen

1 Was versteht man unter „kombiniertem Ladungsverkehr"?

2 In welchen Bereichen bietet diese Art des Transportes Vorteile?

3 Was für eine Rolle spielt die Zeit beim kombinierten Ladungsverkehr?

4 Wie wirkt sich der Zeitfaktor auf das Geschäft aus?

Zeitung

9/Überblick

In welchen Abschnitten wird etwas über folgende Punkte gesagt?

1 engere Verbindung der Wirtschaftszentren

2 Präsentationsfahrt für Journalisten und Fachleute

3 Die Bahn steht im Wettbewerb zum LKW

4 Beschreibung der neuen Strategien

5 engere Verbindung von Hafen und Hinterland

10/Richtig oder falsch?

Welche der folgenden Aussagen sind richtig, welche sind falsch?

1 Durch den kombinierten Ladungsverkehr wird Zeit eingespart.

2 Bahn und Wirtschaft erwarten viel von dem neuen Transportsystem.

3 Durch die künftige Strategie wird Zeit verschwendet.

4 Der Umsatzzuwachs im bisherigen Güterverkehr ist geringer als im kombinierten Ladungsverkehr.

5 Optimale Ergebnisse können nicht erzielt werden.

6 Die EG-Vorschriften lassen nur Sattelanhänger zu, die kürzer als 13,60 Meter sind.

11/Verständnisfragen

1 Was ist der Unterschied zwischen den bisherigen Güterzügen und den neuen InterCargoExpreß-Zügen?

2 Wie sieht die künftige Strategie des kombinierten Ladungsverkehrs aus?

3 Was für ein Zusammenhang besteht zwischen dem neuen Konzept und der Wettbewerbsposition der Bahn?

4 Was ist nach Ansicht des DB-Vorstandsvorsitzenden unbedingt notwendig?

5 Worin besteht der optische Unterschied zwischen InterCargoExpreß-Zügen und bisherigen Güterzügen?

12/Indirekte Rede

1 Wie wird außer Verwendung der indirekten Rede im Text deutlich gemacht, daß die Meinung oder Aussage eines anderen dargestellt wird?

2 Kennen Sie ähnliche Wendungen, die Sie in solch einem Kontext verwenden könnten?

13/Synonyme

Finden Sie aus dem Text Synonyme für folgende unterstrichene Wendungen:

1 Bahn und Wirtschaft versprechen sich viel von dem neuen Transportsystem.

2 Züge erreichen den Zielort.

3 Investitionen und Kooperation sind notwendig.

4 Neue Waggons können Sattelanhänger und andere Container transportieren.

14/Grammatikübung

a Ordnen Sie jedem Substantiv das passende Verb zu, und bilden Sie dann einen Passivsatz. Beispiel:
der Güterverkehr – auf Trab bringen
der Güterverkehr wird auf Trab gebracht

1	Wirtschaftszentren	a	verzeichnen
2	Ladenschlußzeiten	b	befördern
3	Zeit	c	aufholen
4	Zeit	d	verbinden
5	Umsatzzuwächse	e	verplempern
6	Ergebnisse	f	nutzen
7	Sattelanhänger	g	erzielen

b Formen Sie die unten genannten Passivkonstruktionen nach folgendem Muster um. Beispiel:
Die Wirtschaftszentren können enger miteinander verbunden werden.
Die Wirtschaftszentren lassen sich enger miteinander verbinden.

1 Transportzeiten von zwei Stunden können dadurch gewonnen werden.

2 Ladenschlußzeiten nach 20 Uhr können genutzt werden.

3 Die Waggons können sofort unterschieden und einzeln bestimmt werden.

4 Auch Sattelanhänger mit einer Länge bis zu 13,60 Meter können befördert werden.

■ Transfer ■

15/Partnerarbeit

In vielen deutschen Städten wird seit einiger Zeit überlegt, ob man Staßenbahnen wieder einführen soll, da diese sehr viel umweltfreundlicher sind als Busse und Autos.

Machen Sie mit einem/er Partner/in zusammen eine Liste über die Vor- und Nachteile von Staßenbahnen, und diskutieren Sie sie anschließend in der Klasse.

16/Schriftliche Übung

Sie sind kürzlich mit der Bahn gefahren und haben als umweltbewußter Bürger Gebrauch von dem Angebot des Reisegepäcktransportes per Bahn gemacht. Als Sie jedoch hören, daß die Bahn Speditionen benutzt, um Gepäck zu transportieren, sind Sie sehr verärgert, weil Sie die Slogans der Bahn als Irreführung der Kunden empfinden. Wenn Sie das nämlich vorher gewußt hätten, hätten Sie Ihr Gepäck mit Sicherheit mit ins Abteil genommen.

Schreiben Sie einen Beschwerdebrief an die Deutsche Bundesbahn.

17/Rollenspiel

Einwohner eines kleinen Urlaubsortes am Rhein reagieren auf ein Gerücht, daß die Deutsche Bundesbahn ihren Güterverkehr im Sinne des "Nachtsprunges" verstärkt nachts abwickeln will. Nicht alle Einwohner halten das nämlich für eine gute Idee, da es in diesem Gebiet an beiden Ufern des Rheins Eisenbahnstrecken gibt, was schon jetzt einige Leute als ziemliche Lärmbelästigung empfinden.

Um das Für und Wider des Nachtsprunges zu besprechen, findet eine öffentliche Diskussion statt. An der Diskussion nehmen unter anderem folgende Personen teil:

Besitzer eines Campingplatzes

Sie betreiben einen Campingplatz direkt am Rhein. Schon jetzt beschweren sich manchmal Gäste bei Ihnen, daß sie nachts wegen des Eisenbahnverkehrs oft sehr unruhig schlafen. Sie befürchten, durch einen noch stärkeren Nachtverkehr Gäste zu verlieren.

Umweltschutzaktivist

Sie sind Mitglied einer Umweltorganisation und sind gegen den Gütertransport auf Straßen. Aber Sie finden auch, daß der Transport per Bahn für Anwohner und Urlauber eine zu große Lärmbelästigung darstellen könnte. Deshalb wollen Sie Güter verstärkt auf dem Rhein selber transportieren.

DB-Angestellter

Sie arbeiten bei der Deutschen Bundesbahn und sind sehr für die verstärkte Nutzung der Bahn für den Güterverkehr. Für Sie ist die Bahn die einzige Alternative zum Gütertransport auf Straßen, und zwar sowohl vom wirtschaftlichen als auch vom umweltpolitischen Standpunkt aus gesehen.

Tourist

Sie machen gerade hier am Rhein Urlaub. Sie sind mit dem Zug gekommen und haben auch Ihr Fahrrad mitgebracht. LKWs auf Straßen stellen für Sie als Radfahrer eine besondere Gefahr dar. Auf der anderen Seite übernachten Sie auf Campingplätzen und können das Argument der Lärmbelästigung sehr gut nachempfinden.

18/Gesprächsstoff

Was sind Ihrer Meinung nach die Vor- und Nachteile der Straße bzw. der Schiene für den Personenverkehr und für den Güterverkehr?

Machen Sie mit einem/er Partner/in zusammen jeweils eine Liste, und diskutieren Sie Ihre Ergebnisse anschließend in der Klasse.

■ TV ■

Einführungsbericht

1/Verständnisfragen

1 Welche Ansichten vertreten
   a der Umweltminister?
   b die Verpackungsindustrie?
2 Was versteht man unter Einwegflaschen?
3 Was ist die Alternative zu Einwegflaschen?
4 Wie würde vermutlich der Hersteller auf ein Verbot von Einwegflaschen reagieren?

Sat.1 Reportage

2/Bild und Kommentar

1 In drei Szenen der Reportage sieht man einen Einkaufswagen. Welcher Bezug besteht jeweils zwischen den Einkaufswagen und der Umweltproblematik?
2 In einer Szene nimmt ein Kunde einen Becher Margarine aus dem Regal. Was macht er mit der Margarine? Würden Sie das tun?

3/Richtig oder falsch?

Sind folgenden Behauptungen richtig oder falsch ?
1 Die Verpackung hat ihren Ruf verbessert.
2 Der Händler soll überflüssige Verpackung zurück-nehmen müssen.
3 Limonade, Wasser, und Bier kauft man normalerweise in Pfandflaschen.
4 Ein Verbot für Einwegflaschen würden die Hersteller begrüßen.

4/Verständnisfragen

1 Was ist die Interpack 90?
2 In welchem Zusammenhang stehen Verpackung und Müllberg?
3 Warum ist die Verpackung für den Hersteller wichtig?
4 Was soll der Verbraucher künftig mit unnötiger Verpackung tun dürfen?
5 Warum findet es der Hersteller ungünstig, teure Spirituosen in Pfandflaschen zu verkaufen?
6 Warum könnte der Hersteller ein Verbot von Einwegflaschen nur schwer akzeptieren?

5/Einsetzübung

Ergänzen Sie aus dem Bericht:
1 Ein schwieriges Geschäft, denn die Verpackung ist _____ _____ geraten.
2 . . . , wo auch das verkauft wird, was _____ im Abfall landet.
3 Ein Großteil der Verpackung ist für den Kunden _____ oder sogar _____.
4 Nicht jedoch für den Hersteller, denn das _____ gehört zum Marketing.
5 Wenn der Händler plötzlich _____ muß, wo er mit dem Müll bleibt, . . .
6 Bei Limonade, Wasser und Bier ist das _____ _____ _____.
7 Aber nicht alles läßt sich in einer Flasche verkaufen, der man _____, wie oft sie schon über den Ladentisch gegangen ist.
8 Das Produkt soll außerdem _____ _____ _____ _____ erkannt werden.
9 An einem eventuellen Verbot hätten sie schwer zu schlucken, denn wenn das Geschäft erst _____ _____ _____, ist es schwer wieder _____ _____ _____ _____.

6/Was paßt zusammen?

Ordnen Sie dem jeweiligen Substantiv das im Bericht verwendete Verb zu:

1 Müllberg	a bestellen
2 Müllwagen	b erkennen
3 Markennamen	c abtragen
4 Verpackung	d einweihen
5 Müll	e an den Mann bringen
6 abgenutzte Flaschen	f unterbringen
7 Produkt	g nach Hause schleppen

7/Gesprächsstoff

1 Welche Rolle spielt Ihrer Meinung nach Verpackung?
2 Finden Sie aus Ihrem Erfahrungsbereich Beispiele für unnötig verpackte Waren.
3 Halten Sie es für eine gute Idee, daß der Kunde unnötige Verpackung im Supermarkt lassen darf?
4 Was für einen Sinn soll solch eine Maßnahme haben?

Vom nächsten Monat an

Mülltrennung wird nun zur Pflicht
Neue Satzung soll in Unterhaching Abfall verringern

1 Unterhaching - Ob nun neues Gesetz oder ob Volksbegehren - die Gemeinde Unterhaching macht vom 1. Juli an ernst mit der Verringerung des Hausmüllaufkommens. Dann nämlich tritt die schon im Herbst vergangenen Jahres grundsätzlich beschlossene Neufassung der gemeindlichen Müllsatzung in Kraft, nach der alle Unterhachinger Haushalte ihren Müll sortieren und nach Papier, Metall, Glas (nach Farben sortiert), Knopf - und anderen Batterien getrennt in den gemeindlichen Sammelstellen abliefern müssen.

2 In die Hausmülltonne darf nur noch Müll wandern, dessen Bestandteile nicht aus diesen Stoffen bestehen. Um den Bürgern nicht allzu lange Wege zu den Sammelstellen zuzumuten, wurden im gesamten Gemeindebereich 22 Mülltonnenhäuser, zum großen Teil Fertiggaragen, aufgestellt, in denen die verschiedenen Container untergebracht sind. Diese Mülltonnenhäuser sind jedem zugänglich. Die Reinigung übernimmt die Gemeinde. Die Einführung der Mülltrennung läßt sich Unterhaching rund 200 000 Mark kosten. Da nach dem guten Ergebnis der vorhergegangenen Modellversuche zur Mülltrennung in den Ortsteilen Grünau und Fasanenpark mit einer erheblichen Verringerung des Müllaufkommens gerechnet wird, hofft die Gemeinde, auf diesem Wege die Mehrkosten, die durch die drastische Erhöhung der Müllverbrennungskosten durch die Stadt München entstehen, auch unter Beibehaltung der bisherigen Abfuhrgebühren vorerst auffangen zu können. Langfristig jedoch scheint eine Erhöhung der Müllabfuhrgebühren unvermeidlich.

3 Um einen Anreiz zur Müllvermeidung und -trennung zu schaffen, wird noch in der Kämmerei überlegt, kleinere Tonnen zuzulassen und die Jahresgebühr entsprechend dem Gewicht des Restmülls festzusetzen.
I. G.

ABFALL TRENNEN STATT VERBRENNEN

Kein Einweggeschirr beim Bürgerfest
Wie Regensburg den Müll-Notstand vermeiden will

Von Rolf Thym

1 Regensburg - Das am Wochenende vom 22. bis zum 24. Juni geplante Bürgerfest in der Regensburger Altstadt wird nun doch nicht dem in der Oberpfalz herrschenden Notstand bei der Müllbeseitigung zum Opfer fallen: Der Umweltausschuß des Regensburger Stadtrates folgte nicht dem Votum einer Müll-Arbeitsgruppe der Stadtverwaltung, die - wie berichtet - gefordert hatte, das nur alle zwei Jahre stattfindende Bürgerfest abzusagen, um den dabei anfallenden und auf 50 Tonnen geschätzten Abfall „einzusparen". Die von Oberbürgermeisterin Christa Meier (SPD) eingesetzte Arbeitsgruppe unter der Leitung des Rechtsdezernenten und Müllfachmanns Hans Klofat hatte ihre Forderung, das Bürgerfest ausfallen zu lassen, offenbar als Schreckschuß gedacht, der die Regensburger Bürger wachrütteln sollte.

2 Der Umweltausschuß beschloß, beim nun doch stattfindenden Bürgerfest - zu dem insgesamt mehr als 100 000 Besucher erwartet werden - den Gebrauch von Wegwerfgeschirr und Kunststoffbechern strikt zu verbieten. An den 200 Imbiß- und Getränkeständen, die nahezu ausnahmslos von sozialen und caritativen Organisationen und Initiativen zur Aufbesserung ihrer Finanzen betrieben werden, sollen nurmehr Bierkrüge ausgegeben werden. Das Essen soll, sofern kein Porzellangeschirr verwendet wird, den Besuchern des Bürgerfestes allenfalls mit Servietten in die Hand gedrückt werden. Auf diese Weise hofft die Stadt, die Menge des zu erwartenden Mülls auf rund 20 Tonnen zu senken.

3 Einer Reihe von Forderungen, welche die städtische Arbeitsgruppe als Sofortmaßnahmen zur Bewältigung des drohenden Müllnotstands erhoben hatte, stimmte der Umweltausschuß jedoch zu: So wird - unter anderem - umgehend die Zahl der im Stadtgebiet aufgestellten Altglas- und Altpapiercontainer erhöht, die Abholung von Sperrmüll wird eingestellt, und den Müllfahrern wird strikt untersagt, Abfälle mitzunehmen, die nicht in zugelassenen Müllsäcken außerhalb der Abfalltonnen gelagert werden. Die Müllsäcke selbst wird die Stadt künftig zum doppelten Preis, nämlich für fünf Mark pro Stück, verkaufen. Desweiteren wurde die Stadtverwaltung beauftragt, nach Grundstücken zu suchen, auf denen Recyclinganlagen für Bauschutt und Gewerbemüll eingerichtet werden sollen. Über das Bürgerfest hinaus werden die Organisatoren von Veranstaltungen und Festen künftig dazu verpflichtet, für die Vermeidung von Müll und die Erfassung von Wertstoffen im Abfall zu sorgen.

VERPACKUNG SPAREN UMWELT BEWAHREN

■ *Texte* ■

Zeitungsartikel 1

8/Verständnisfragen

1 Wodurch soll der Abfall in Unterhaching verringert werden?

2 Nach welchen Kriterien soll der Müll sortiert werden?

3 Wie soll der Bürger seinen sortierten Müll loswerden?

4 In welchem Zusammenhang werden die Ortsteile Grünau und Fasanenpark genannt?

5 Welche Funktion hat die Mülltrennung finanziell gesehen?

6 Welcher Anreiz zur Müllvermeidung und Mülltrennung soll geschaffen werden?

9/Lexikalische Übung

Arbeiten Sie mit einem Wörterbuch und beantworten Sie folgende Fragen:

1 Was kann „in Kraft treten"?
   a ein Gesetz
   b eine Wohnung
   c die Müllabfuhr

2 Was bedeutet „jdm. etwas zumuten"?
   a jdm. Mut machen
   b von jdm. etwas Unerhörtes verlangen
   c den Mut verlieren

3 Was bedeutet „die Container sind in Mülltonnenhäusern untergebracht"?
   a die Container befinden sich in Mülltonnenhäusern
   b man bringt die Container in Mülltonnenhäuser
   c man findet keine Container in Mülltonnenhäusern

4 Mit welchem Verb wird „Anreiz" im Text verbunden?
   a festsetzen
   b schaffen
   c auffangen

Zeitungsartikel 2

10/Verständnisfragen

1 Welche Personen und Personengruppen sind an der Diskussion beteiligt?

2 Welche anderen Personenkreise sind direkt oder indirekt betroffen?

3 Warum will die Müllarbeitsgruppe das Bürgerfest ausfallen lassen?

4 Was war der eigentliche Zweck dieses Vorschlages?

11/Lexikalische Übung

1 Finden Sie aus dem Text Synonyme für folgende Wörter:
   a Müllexperte   b Verwendung
   c entscheiden   d Einweggeschirr
   e untersagen   f reduzieren
   g Forderungen aufstellen h einige
   i sofort   j stoppen

2 Finden Sie das Gegenteil folgender im Text verwendeter Begriffe:
   a Müllbeseitigung   b absagen
   c verbieten   d senken
   e zustimmen

3 Was soll - laut Zeitungsartikel -a auf dem Bürgerfest und b in Zukunft auch in ganz Regensburg gefördert bzw. verboten werden?

12/Grammatikübung

Schreiben Sie die folgenden Sätze, in denen Partizipialkonstruktionen verwendet werden, zu Relativsätzen um.

Beispiel: Das am Wochenende vom 22. bis zum 24. Juni geplante Bürgerfest in der Regensburger Altstadt . . .

Das Bürgerfest in der Regensburger Altstadt, das am Wochenende vom 22. bis zum 24. Juni geplant war, . . .

1 . . . dem in der Oberpfalz herrschenden Notstand . . .

2 . . . das nur alle zwei Jahre stattfindende Bürgerfest . . .

3 . . . den dabei anfallenden und auf 50 Tonnen geschätzten Abfall . . .

4 Die von Christa Meier eingesetzte Arbeitsgruppe . . .

5 . . . die Menge des zu erwartenden Mülls . . .

6 . . . die Zahl der im Stadtgebiet aufgestellten Altglas- und Altpapiercontainer . . .

13/Was paßt zusammen?

Ordnen Sie jedem Substantiv/Ausdruck das im Zeitungsartikel verwendete Verb zu und bilden Sie so eine Passivkonstruktion (mit *wird/werden*):

1 das Bürgerfest		a gelagert	
2 Forderungen		b beauftragt	
3 Besucher		c abgesagt	
4 Altglascontainer		d eingestellt	
5 die Stadtverwaltung		e erhoben	
6 Müllsäcke		f erwartet	
7 die Abholung von Sperrmüll		g aufgestellt	

■ *Transfer* ■

14/Partnerarbeit

Arbeiten Sie mit einem/er Partner/in und versuchen Sie herauszufinden, wie er/sie mit Müll umgeht. Erarbeiten Sie dazu vorher individuell 10 Interviewfragen.

15/Rollenspiel

Sie sind Mitglieder des Mensa-Ausschußes im UStA (Unabhängiger Studentenausschuß). Einige von Ihnen sind mehr und mehr der Meinung, daß das Müllproblem auch in der Mensa Ihrer Hochschule offenkundig ist. In einer Ihrer Sitzungen diskutieren Sie, wie man dem Problem entgegenwirken kann. Sie haben zu Ihrer Sitzung auch den/die Hauswirtschaftsleiter/in der Mensa eingeladen.

Student 1

Sie sind der Meinung, daß durch unnötige Verpackung und den Gebrauch von Einwegflaschen viel zu viel Müll produziert wird. Sie sind gegen jegliche Dosen und Plastikflaschen und befürworten die Verwendung von Pfandflaschen. Auch in Plastik verpackte Waren (z.B. belegte Brötchen) sollten Ihrer Meinung nach in der Mensa nicht erhältlich sein.

Student 2

Sie finden die von Student 1 vorgeschlagenen Maßnahmen zum Teil unrealistisch, weil Sie meinen, daß die Mensa als kleiner Betrieb wenig Einfluß auf die Verpackungsindustrie haben kann. Sie schlagen statt dessen Mülltrennung nach den in der Zeitung genannten Kriterien vor. Das Problem ist Ihrer Meinung nach nicht die Verpackung selber, sondern die Tatsache, daß viele Leute zu faul sind, ihren Müll zu sortieren. Viele Verpackungstoffe können nämlich wiederverwendet werden.

Student 3

Sie arbeiten neben Ihrem Studium zwei Nachmittage in der Woche in der Mensa. Sie haben wenig Verständnis für die Vorschläge Ihrer Kommilitonen, da sie für Sie mehr Arbeit bedeuten würden. Im Moment werfen Sie alle Abfälle in eine Mülltonne. Eine Einführung von Pfandflaschen in der Mensa hieße für Sie auch, daß Sie zusätzlich schwer tragen müßten.

Außerdem müßten Sie Waren wie belegte Brötchen selber vorbereiten.

Hauswirtschaftsleiter

Sie haben wenig Verständnis für die Belange der Studenten. Für Sie ist die Mensa ein Wirtschaftsunternehmen, das nach marktwirtschaftlichen Kriterien geführt werden muß. Mülltrennung würde für Sie bedeuten, daß Sie mehr Personal einstellen müßten, was eine Erhöhung der Mensapreise zur Folge hätte. Sie bringen außerdem den Aspekt der Hygiene mit in die Diskussion (gut verpackte Waren sind hygienischer).

Bereiten Sie Ihre jeweiligen Rollen vor und spielen Sie dann die Ausschußsitzung. Bei der Ausführung Ihrer Rollen sind Ihrer Phantasie keine Grenzen gesetzt.

16/Schriftliche Übung

Sie haben kürzlich einen Spaziergang durch Ihre Stadt gemacht und waren entsetzt über die Abfälle, die Leute einfach auf die Straße werfen.

Sie beschließen, einen Leserbrief in die Zeitung zu setzen, in dem Sie andere Bürger auf die katastrophalen Zustände aufmerksam machen wollen.

Beschreiben Sie empört, was Sie auf Ihrem Spaziergang alles sehen mußten. Machen Sie aber auch konstruktive Vorschläge, wie man mit dem Problem besser umgehen könnte.

17/Eine Aktion

Sie planen eine Aktion, in der Sie auf alle Aspekte des Müllproblems hinweisen wollen. Sie wollen die Industrie und den Verbraucher ansprechen. Die Industrie soll Ihrer Meinung nach weniger Müll (sprich: Verpackung) produzieren, und der Verbraucher soll Müll vermeiden und sortieren.

Für Ihre Aktion nehmen Sie so viele Medien wie möglich in Anspruch. Entwerfen Sie deshalb in kleinen Gruppen:
- Transparente mit Slogans für Demonstrationen (z.B. wie auf der Seite der „Texte")
- Passende Sprüche für die Demonstrationen
- Flugblätter, die Sie an Passanten austeilen wollen
- Zeitungsanzeigen, in denen Sie auf das Problem und die Demonstration hinweisen
- Presseerklärung, Radioerklärung, Fernseherklärung

TV

Einführungsbericht

1/Verständnisfragen

1 Was gefällt den Benkalis an ihrer jetzigen Wohnung nicht?

2 Was macht ihre Wohnsituation bald noch brisanter?

3 Was machen die Eltern in der Familie Koppe im Wohnzimmer (außer wohnen)?

4 Warum tun sie das?

Sat.1 Reportage

2/Bild und Kommentar

1 Welche Räume der Familien Benkali und Koppe werden jeweils in der Reportage gezeigt?

2 Anhand welcher konkreten Szenen wird der Platzmangel deutlich? Beschreiben Sie die Wohnverhältnisse so detailliert wie möglich.

3/Verständnisfragen

1 Was verspricht der Staat, gegen die Wohnungsnot zu tun?

2 Wie viele Mitglieder gibt es in den Familien Benkali/Koppe, und wie groß sind ihre jeweiligen Wohnungen?

	Mitglieder	Größe
Benkalis		
Koppe		

3 Warum ist die Nachfrage nach Wohnungen so groß?

4 Laut Reportage kommen keine Übersiedler aus der ehemaligen DDR mehr nach Bonn. Inwiefern sind sie trotzdem für den Wohnungsmarkt ein Problem?

5 Welche Personengruppen, die eine Wohnung suchen, werden genannt?

6 Was ist oft das Problem, wenn mal eine größere Wohnung frei wird?

4/Finanzen

1 Welche finanziellen Einnahmen und Ausgaben werden direkt oder indirekt in der Reportage erwähnt?

2 Für welche Einnahmen/Ausgaben werden konkrete Zahlen genannt? Welche?

3 Welche Einnahmen/Ausgaben haben Sie? Machen Sie eine detaillierte Liste.

Einnahmen	Ausgaben

5/Redewendungen

1 Was wird mit einem „Tropfen auf den heißen Stein" bezeichnet?

2 Denken Sie sich andere Situationen aus, in denen man diese Redewendung benutzen könnte.

3 Was ist mit dem Satz „der Vermieter spielt oft nicht mit" konkret gemeint?

6/Lexikalische Übung

1 Finden Sie aus der Reportage reflexive Ausdrücke, die gleichbedeutend sind mit:
   anschauen
   Geduld haben
   besser werden

2 Mit welchen zwei Ausdrücken wird im Bericht deutlich gemacht, daß Familien ein Recht auf eine Wohnung haben?

3 Notieren Sie alle in der Reportage verwendeten Zusammensetzungen aus dem Verb „wohnen".

MIETERVEREIN

Lieber Mieter!

KENNEN SIE IHRE RECHTE?

Kann ein Vermieter:

Ihnen eine Mietpreiserhöhung um 100 Prozent präsentieren?	ODER	haben Sie Anspruch auf Mietpreisschutz?
Ihnen wegen Eigenbedarf kündigen, weil er selber in die Wohnung einziehen möchte?	ODER	besteht für Sie Kündigungsschutz?

Kann ein Gericht:

Ihnen eine Räumungsfrist von nur einem Jahr zumuten, innerhalb derer Sie ausziehen müssen?	ODER	haben Sie ein Recht auf befristete Fortsetzung des Mietverhältnisses?
eine exorbitante Räumungsmiete festsetzen, die Sie während der Räumungsfrist bezahlen müssen?	ODER	ist diese Nutzungsentschädigung für Sie eine nicht zu rechtfertigende Härte?

Diese und andere Fragen beantwortet Ihnen gerne kostenlos

Ihr Mieterverein

Zur „nicht zu rechtfertigenden Härte" langt es nicht:

Nach 35 Jahren Wohnung verloren

Gericht gewährt 70jährigem Ehepaar nur einjährige Räumungsfrist

Von Berthold Neff

1 Der Mieterverein fordert vom Bundesgesetzgeber einen wirksamen Kündigungs- und Mietpreisschutz. Anlaß dafür ist ein Urteil des Amtsgerichts München. Es betrifft ein fast 70jähriges Ehepaar, das seit 35 Jahren in der Kolb-Siedlung wohnt, die 1980 in Eigentumswohnungen umgewandelt wurde. Seit 1988 gehört die Wohnung einer 32jährigen Vermieterin, die dem Ehepaar vor gut einem Jahr wegen Eigenbedarfs kündigte, nachdem sie zunächst einen doppelten Mietpreis verlangt hatte. Das Gesetz erlaubt jedoch lediglich Mieterhöhungen von 30 Prozent innerhalb von drei Jahren. Weil sich das Ehepaar weigerte, mehr als das gesetzlich zulässige Maß zu bezahlen, erhielt es die Kündigung. Während der Kündigungsfrist suchte das Ehepaar erfolglos nach einer anderen bezahlbaren Wohnung. Das Amtsgericht wertete es nun zwar als besondere Härte, daß es den fast 70 Jahre alten Mietern durch die 35jährige Verwurzelung besonders schwerfallen würde, eine andere angemessene Wohnung zu finden. Hinzu komme, daß die Frau kurz vor einer schweren Hüftoperation stehe.

2 Trotzdem, so der Mieterverein-Vorsitzende Kurt Mühlhäuser, „konnte sich das Gericht nicht dazu durchringen", eine „nicht zu rechtfertigende Härte" festzustellen und das Mietverhältnis befristet fortzusetzen. Das Gericht ließ nur eine Räumungsfrist von höchstens einem Jahr zu, für die im übrigen die Mieterhöhungsgrenze nicht gilt. Nach dem Urteil, so Mühlhäuser, erhielten die Mieter ein Schreiben ihrer Vermieterin, worin deren Anwalt anstelle des bisher vereinbarten Mietzinses eine Nutzungsentschädigung in Höhe der ortsüblich erreichbaren Miete (16 Mark pro Quadratmeter) verlangt (also etwa 1340 Mark für die 84 Quadratmeter große Wohnung). Wenn die Mieter jedoch ohne langen Rechtsstreit statt bisher 520 Mark jetzt 1008 Mark zahlten, würde die Vermieterin die gesetzlich erreichbare Miete nicht durchsetzen.

3 Gegen dieses Urteil werde das beim Mieterverein rechtsschutzversicherte Ehepaar in Berufung gehen, sagte Mühlhäuser. Sollte das Landgericht bei dieser Entscheidung bleiben, würden die Münchner Mieter nach Mühlhäusers Ansicht neben der Wohnungsnot noch mit „exorbitanten Räumungsmieten" bestraft.

■Texte■

Flugblatt

7/Zuordnung

Welche Erklärungen passen zu folgenden Begriffen? Ordnen Sie zu:

( ) Mietpreiserhöhung
( ) Kündigung
( ) Räumungsfrist
( ) Nutzungsentschädigung
( ) Fortsetzung des Mietverhältnisses

1 Sie werden aufgefordert auszuziehen.
2 Sie dürfen weiterhin in der Wohnung wohnen.
3 Sie müssen innerhalb eines bestimmten Zeitraumes die Wohnung verlassen haben.
4 Sie müssen mehr Miete bezahlen als vorher.
5 Sie zahlen für das, was Sie benutzen (in diesem Fall die Wohnung).

Zeitung

8/Wer macht was?

Füllen Sie die Lücken aus:

	Wer?		Was?
1		fordert	
2		verlangte	
3		weigerte sich	
4		ließ	
5		erhielten	

9/Paraphrase

Wo stehen die folgenden Wendungen anders gesagt im Text? Schreiben Sie sie auf.

1 Ein Vermieter darf in drei Jahren nur 30 Prozent mehr Miete verlangen.
2 . . . dadurch, daß das Ehepaar 35 Jahre lang in derselben Wohnung gelebt hatte.
3 Laut Gericht muß das Ehepaar innerhalb eines Jahres ausziehen.
4 Das Ehepaar werde dieses Urteil nicht akzeptieren, sagte Mühlhäuser.

10/Verständnisfragen

1 Was passierte 1980 mit den Wohnungen in der Kolb-Siedlung?

2 Warum erhielt das Ehepaar die Kündigung?
3 Wer ist Kurt Mühlhäuser?
4 Wie lautet das Gerichtsurteil?
5 Was will das Ehepaar gegen das Urteil tun?
6 Welche Personen oder Personengruppen werden im Zusammenhang mit dem Rechtsstreit genannt?

11/Nacherzählung

Was ist geschehen? Fassen Sie den Zeitungsartikel mit Ihren eigenen Worten zusammen.

Schaubild

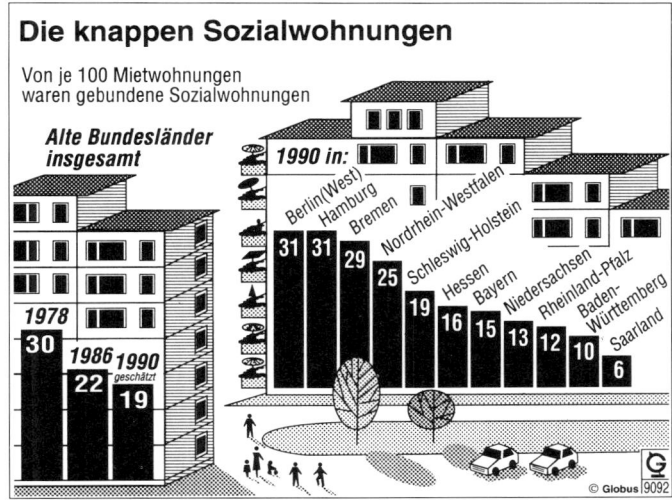

12/Verständnisfragen

Sehen Sie sich das obige Schaubild an und beantworten Sie die folgenden Fragen:

1 Wird in dem Schaubild ein positiver oder negativer Sachverhalt dargestellt? Wodurch wird das im Text deutlich?
2 Wie wird ausgedrückt, daß es sich bei den Zahlen um Prozentangaben handelt?
3 Wie viele 'normale' Mietwohnungen gab es 1990 in Rheinland-Pfalz?
4 a Wie hoch war 1990 der Anteil an Sozialwohnungen im Bundesdurchschnitt?
    b Warum kann man sich nicht unbedingt auf die Richtigkeit dieser Angabe verlassen?
5 Beschreiben Sie in einem Satz den Trend von 1978 bis 1990 in bezug auf die Anzahl von Sozialwohnungen.
6 Wie wird im Schaubild ausgedrückt, daß sich die Angaben nicht auf die ehemalige DDR beziehen.

■ *Transfer* ■

13/Partnerarbeit

An welche Leute vermieten Wohnungsbesitzer Ihrer Meinung nach gern bzw. ungern, und aus welchen Gründen?

Arbeiten Sie mit einem Partner zusammen und machen Sie eine Liste.

gern	ungern	warum

14/Rollenspiel

Eine Neubauwohnung ist frei geworden, um die sich mehrere Leute bewerben. Es wird ein Termin verabredet, zu dem sich alle Bewerber mit den Vermietern treffen. Nach einem Gespräch mit allen Bewerbern entscheiden die Vermieter, wer die Wohnung bekommen soll.

Vermieterehepaar

Es ist für Sie sehr wichtig, was für Mieter Sie bekommen, weil Sie im selben Haus wohnen. Überlegen Sie deshalb genau, was für Kriterien Ihre neuen Mieter erfüllen sollen. Versuchen Sie, soviel wie möglich über Ihre Bewerber herauszufinden. Seien Sie auch darauf vorbereitet, daß man Sie nach Ihren Familienverhältnissen, Ihrem Lebensstil und natürlich nach der Wohnung fragen wird.

Bewerber

Gruppe 1: mehrere Studenten
Gruppe 2: Lehrerehepaar mit zwei Kindern
Gruppe 3: unverheiratetes Paar

Bereiten Sie innerhalb Ihrer jeweiligen Gruppen Ihre Rollen vor. Sie sind alle sehr an der Wohnung interessiert. Überlegen Sie sich genau, wie Sie sich dem Vermieterehepaar gegenüber darstellen wollen. Sie werden sicher nach Ihren Familienverhältnissen, finanziellen Verhältnissen, nach Ihrem Beruf, Ihren früheren Mietverhältnissen, etc. gefragt werden. Seien Sie darauf vorbereitet, und stellen Sie Ihrerseits Fragen an die Vermieter (z.B. Miete, Heizung, Nebenkosten, Lebensgewohnheiten der Vermieter, etc.).

15/Schriftliche Übung

Sie werden in Kürze nach Stuttgart gehen, um dort sechs Monate lang zu arbeiten. Eine Arbeitsstelle haben Sie schon, aber keine Wohnung. Von einer Freundin haben Sie die Adresse eines Wohnungsmaklers bekommen, der Ihnen auf Ihre Anfrage hin den folgenden Brief schreibt:

WOHNUNGSVERMITTLUNG MÖLLER

Bertrifft: Ihre Anfrage vom 3. Mai 1992

Sehr geehrter Herr Jenkins,

vielen Dank für Ihre Anfrage nach einer Wohnung in Stuttgart. Leider haben Sie uns keine Informationen über die Art der Wohnung geschickt, die Sie gerne mieten möchten. Um Ihnen spezifische Wohnungsangebote machen zu können, bitten wir Sie, uns nähere Angaben über die von Ihnen gewünschte Art der Wohnung (Altbau- oder Neubauwohnung, möbliert oder unmöbliert, wie viele Zimmer), Größe, Lage, Miete, beabsichtigte Dauer des Mietverhältnisses usw. zu schicken. Wir könnten dann aus unserer Kartei mehrere Wohnungen für Sie heraussuchen, von denen Ihnen sicher einige zusagen werden.

Da einige Vermieter bevorzugt an bestimmte Personengruppen vermieten, wären wir Ihnen dankbar, wenn Sie auch einige Angaben zu Ihrer Person machen könnten.

Wir freuen uns, Ihnen weiterhin behilflich sein zu können.

Mit freundlichen Grüßen

G. R. Möller

Schreiben Sie einen Brief an den Wohnungsmakler, in dem Sie die von ihm gewünschten Angaben machen. Erwähnen Sie auch Punkte wie z.B. Kündigungsfrist, Höhe der Nebenkosten, Kaution, Heizung, etc.

8 | Phantom der Oper

■ TV ■

Einführungsbericht

1/Verständnisfragen

1 In wen verliebt sich das Monster im Musical „Phantom der Oper"?

2 Das Monster beschert einer jungen Opernsängerin die ersehnte Karriere. Was muß sie ihm geben?

3 Wie endet die Geschichte im Musical „Phantom der Oper"?

4 Wann war die Welturaufführung des Musicals in London?

5 Warum hat man das alte Theater nicht benutzt?

6 Was haben das alte und das neue Theater gemeinsam?

Sat.1 Reportage

2/Bild und Kommentar

Welche Szene in der Reportage finden Sie am interessantesten? Sagen Sie, warum, und beschreiben Sie die Szene.

3/Verständnisfragen

1 In welchem Zusammenhang werden die Zahlen 4 und 10 im Bericht genannt?

2 Welche besondere Form hat das neue Theater?

3 In welchem Tempo wurde das neue Theater gebaut?

4 In welcher Gegend wollten die Bürger keine Kulturschickeria haben?

5 Was soll nach dem Musical kommen und wann?

6 Was ist bei der Premiere anders als bei der Probe?

4/Lexikalische Übung

Wie werden folgende Ausagen oder Wörter in der Reportage ausgedrückt?

1 Andrew Lloyd Webber ist in Hamburg sehr erfolgreich.

2 Weltpremiere

3 Die Produzenten hoffen, daß das Musical Geld in die Kasse bringt.

4 Seitdem kann man das Monster nicht loswerden.

5 Das Monster verhilft der Opernsängerin zur gewünschten Karriere.

6 Bis zur letzten Minute

7 Der schwäbische Kulturmanager hat in Hamburg seinen Willen bekommen.

8 Im Januar sollen die Dreharbeiten für den Film beginnen.

5/Umschreibung

Inwiefern sind die folgenden Ausdrücke relevant für die Reportage? Geben Sie sinngemäß die Sätze wieder, in denen die Ausdrücke verwendet werden.

1 gespenstischer Erfolg
2 Spuk
3 Liebe schenken
4 Tag-und-Nacht-Arbeit
5 Schiffsbug
6 vertreiben
7 Kulturschickeria
8 Probe

6/Zuordnung

Ordnen Sie jedem Substantiv das in der Reportage verwendete Verb zu:

Spuk	verhindern
Premiere	schenken
Liebe	vertreiben
gute Aktien	treiben
Phantom	haben

7/Grammatikübung

Die folgenden Satzteile sind durcheinander geraten. Verbinden Sie sie wieder zu sinnvollen Sätzen, und nehmen Sie dabei die Reportage zu Hilfe. Benutzen Sie die richtige Verbform und den richtigen Kasus nach der Präposition.

	sich einnisten	von	der deutsche Erfolg
	stecken	an	gespenstischer Erfolg
er	geben	hinter	das Varieté-Theater
sie	glauben	bei	klingende Münze
es	erinnern	in	die Premiere
	sich verlieben	mit	die Maske
	begleitet sein	an	eine Opernsängerin

Schrecken in der „Phantom"-Nacht
Krawalle und Festnahmen bei Musical-Premiere in Hamburg

Von Werner Burkhardt

1 „In Hamburg sind die Nächte lang" davon weiß man seit Freitag in der Hansestadt ein schauerlich-scheußliches Lied zu singen. Unter Krawallen, die man vielleicht geahnt, die man aber in so lautstarker, brutaler Form denn doch nicht erwartet hatte, ist die Premiere des Musicals „Das Phantom der Oper" von Andrew Lloyd Webber über die Bühne des Theaters „Neue Flora" gegangen.

2 Die vorläufige Bilanz: Sechs Polizisten und drei der 2000 Premieren-Gäste wurden verletzt, 52 Randalierer wurden vorläufig festgenommen. Etwa 3500 Beamte von Polizei und Bundesgrenzschutz gingen mit Wasserwerfern und Schlagstöcken gegen rund tausend Demonstranten vor, die das Premierenpublikum beschimpften, bespuckten sowie mit Eiern und Farbbeuteln bewarfen. Außerdem flogen Steine, Flaschen und Dosen. Bis in die frühen Morgenstunden brannten Barrikaden in den Stadtteilen Altona und St. Pauli.

Angst vor Lärm

3 Die Katastrophe hat eine Vorgeschichte. Das Hamburger Phantom-Projekt von Friedrich Kurz war von Anfang an heftig umstritten. Der Musical-Produzent wollte sein gigantisches Theater zunächst im 100 Jahre alten „Flora"-Gebäude am Schulterblatt, im Schanzenviertel, bauen lassen. Seine Pläne scheiterten allerdings im September 1988 am massiven, teilweise gewaltsamen Widerstand der Anwohner, die eine Zerstörung der Strukturen des gewachsenen alten Hamburger Stadtteils fürchteten. Ein neuer Ort wurde gefunden, ein völlig neues Theater in kurzer Zeit hochgezogen. Die Anrainer befürchten nun Lärm und Verkehrsprobleme.

4 Das ist jedoch nur ein Teil des Problems. Es geht um Grundsätzlicheres. Zwei Stunden vor dem Beginn der Webber-Premiere, als noch trügerische Ruhe auf dem Alsenplatz vor dem Theater herrscht, sitzen rund 400 bunt gekleidete Frauen und Männer auf dem Pflaster und auf der schmalen Treppe, die zum Theatereingang hinaufführt. Sie protestieren

OPFER *der Krawalle: Premieren-Besucherin, die in den Tumulten von den Stufen des Theaters gestoßen wurde.*   Photo: dpa

gegen „Kommerz-Kultur im Fast-Food-Stil" und die befürchtete Aufwertung der umliegenden Wohnviertel, in denen viele junge Menschen und Einkommensschwache leben.

5 Die Polizei hat die Kreuzung für den Verkehr gesperrt, ist aber ansonsten nicht zu sehen. Dann kommen zwei Damen in Abendkleidern vom gegenüberliegenden S-Bahnhof Holstenstraße über den Platz. Auf der Eingangstreppe zieht ein Demonstrant eine der Frauen am Arm die Stufen hinab. Als ihre Begleiterin sich um die ohnmächtig am Boden liegende Frau kümmern will, wird auch sie geschlagen und ihr die Perücke vom Kopf gerissen. Herbeieilende Polizisten bringen die Frauen in das Foyer.

6 Die Räumung des Platzes mit Wasserwerfern um 18.33 Uhr ist dann der Beginn der gewalttätigsten Nacht, die Hamburg seit Jahren erlebt hat. Weil die Polizei das Stadtviertel sowie wichtige Zufahrtsstraßen bereits am Nachmittag hermetisch abgeriegelt

hatte, kam es zu einem regelrechten Verkehrschaos. Auch die Taxis, die die Zuschauer zum Theater fahren sollten, blieben stecken. Viele Besucher, die auf ihrem Weg zur Premiere bis zu vier Polizeisperren passieren mußten, kamen zu spät in die Vorstellung, die mit 40minütiger Verzögerung begann.

7 Premierengäste, festlich herausgeputzt, werden angepöbelt. Friedrich Kurz, der gemeinsam mit dem Komponisten Webber in einem Cadillac vorgefahren war, sagte: „Unglaublich, daß man beschützt werden muß, wenn man ins Theater geht." Prominente Gäste, wie der Schauspieler Hardy Krüger und der Tagesschau-Sprecher Wilhelm Wieben, waren ebenfalls empört über die Störungen. „Ich laß mir meinen Lebensstil nicht dadurch ändern, daß andere Randale machen. Das ist ja unglaublich", schimpfte Krüger. Die Vorstellung selbst konnte ohne eine einzige Störung zu Ende geführt werden.

■Texte■

Zeitung

8/Überblick

1 Lesen Sie vorerst nur die Schlagzeile und sehen Sie sich das Foto dazu an. Welche Erwartungen werden dadurch beim Leser geweckt?

2 Lesen Sie den ersten und den letzten Abschnitt des Zeitungsartikels. Welche im ersten Abschnitt erwähnte Information über die Premiere taucht im letzten Abschnitt wieder auf?

3 Lesen Sie jeweils nur den ersten Satz jedes Abschnitts nach der Überschrift "Angst vor Lärm". Welche Abschnitte behandeln voraussichtlich dieselben Aspekte? Welche Aspekte sind das?

4 Lesen Sie jetzt die letzten 5 Abschnitte. Welche Informationen der *Sat. 1* Reportage werden auch im Zeitungsartikel gegeben?

5 In welchem Zusammenhang steht der zweite Abschnitt zu dem gesamten Zeitungsartikel?

9/Verständnisfragen

1 Wie verhält sich die Polizei bei der Demonstration, und wie die Demonstranten? Finden Sie alle Hinweise aus dem Zeitungstext und ordnen Sie die jeweiligen Aktivitäten den beiden Personengruppen zu.

2 Welche Befürchtungen löst das neue Theater bei den Anwohnern aus?

3 Warum begann die Vorstellung 40 Minuten später als geplant?

4 Wie reagierten die Premierengäste auf die Störungen?

10/Synonyme

Finden Sie aus dem Zeitungstext Synonyme für folgende Wendungen:

1 sehr kontrovers

2 seine Pläne waren erfolglos

3 Leute, die wenig verdienen

4 bewußtlos

5 Straßen, die zu einem bestimmten Punkt führen

6 mit 40-minütiger Verspätung

7 festlich gekleidet

8 gewalttätig demonstrieren

11/Grammatikübung

Ergänzen Sie die fehlenden Endungen. Vergleichen Sie anschließend Ihre Version mit dem Text.

1 Schrecken in d___ „Phantom-Nacht".

2 D___ Katastrophe hat ein___ Vorgeschichte.

3 D___ Musical-Produzent wollte sein___ gigantisch___ Theater zunächst im 100 Jahre alt___ Flora-Gebäude bauen lassen.

4 Sein___ Pläne scheiterten am massiv___, teilweise gewaltsam___ Widerstand d___ Anwohner, d___ ein___ Zerstörung d___ gewachsen___, alt___ Hamburger Stadtteils fürchteten.

5 Zwei Stunden vor d___ Webber-Premiere, als noch trügerisch___ Ruhe auf d___ Alsenplatz vor d___ Theater herrscht.

6 D___ Polizei hat d___ Kreuzung für d___ Verkehr gesperrt.

7 Dann kommen zwei Damen über d___ Platz.

12/Nacherzählung

Hier sind wichtige Szenen aus dem Text. Bringen Sie sie in die richtige Reihenfolge, und erzählen Sie dann die Geschichte nach. Verwenden Sie dabei die angegebenen Sätze.

1 seine Pläne scheiterten

2 „unglaublich, daß man beschützt werden muß, wenn man ins Theater geht."

3 dann kommen zwei Damen in Abendkleidern

4 auch Taxis bleiben stecken

5 sie protestieren gegen Kommerz-Kultur im Fast-Food-Stil

6 die Vorstellung konnte ohne Störung zu Ende geführt werden

7 herbeieilende Polizisten bringen die Frauen ins Foyer

8 ein neuer Ort wurde gefunden

■ *Transfer* ■

13/Partnerarbeit

Denken Sie an ein Musical, einen Film, ein Theaterstück oder ein Buch, das Ihnen besonders gefällt. Erwähnen Sie Ihrem/er Partner/in gegenüber nicht den Titel, sondern beschreiben Sie nur die Handlung oder eine bestimmte Szene. Aus Ihrer Beschreibung muß Ihr/e Partner/in dann raten, was für ein/en Musical/Film/Theaterstück/Buch Sie beschreiben. Wenn Ihre Partner/in richtig geraten hat, beschreibt er/sie eine Handlung.

14/Schriftliche Übung

Sie sind ein Gegner des neuen Theaters und fanden die Demonstration mehr als gerechtfertigt. Sie haben den Zeitungsartikel gelesen und finden, daß die Demonstranten darin zu negativ dargestellt sind.

Schreiben Sie deshalb einen Leserbrief an die Zeitung, in dem Sie das Problem aus Ihrer Perspektive beschreiben. Gehen Sie zum einen auf die Auswirkungen ein, die Ihrer Meinung nach das neue Theater auf Ihr Wohnviertel haben wird und beschreiben Sie zum anderen die Demonstration, wie Sie sie erlebt haben. Vielleicht haben Sie sich durch das hohe Polizeiaufgebot und die reichen Premierengäste in Ihrem relativ bescheidenen Wohnviertel provoziert gefühlt.

15/Rollenspiel

Sie besuchen Ihren Brieffreund in Hamburg, und Sie wollen beide ins Theater „Neue Flora" gehen, um das Musical „Phantom der Oper" zu sehen. Die Eltern Ihres/er Brieffreundes/in sind damit leider nicht einverstanden, weil sie sich beide in einer Bürgerinitiative gegen den Bau des Theaters engagiert haben. Sie fänden es deshalb sehr peinlich, wenn Sie dieses neue Theater besuchen würden.

Tochter/Sohn:

Sie wissen, daß Ihre Eltern gegen das neue Theater sind, teilen jedoch nicht ihre Ansicht. Sie begrüßen es, daß endlich ein bißchen Künstlerflair in Ihr Wohngebiet gekommen ist. Außerdem würden Sie gerne Ihrem Gast aus England eine Freude machen, indem Sie mit ihm in ein englisches Musical gehen. Versuchen Sie, Ihre Eltern zu überzeugen.

Brieffreund/in:

Viele Ihrer Freunde, die das Musical schon gesehen haben, haben davon geschwärmt, und Sie haben sich schon sehr darauf gefreut, es in Hamburg endlich auch sehen zu können. In Ihrem Wohnviertel zu Hause gibt es sehr viel „Kulturschickeria", und Sie finden, daß Ihr Wohnviertel dadurch bereichert worden ist. Außerdem finden Sie, daß man immer moderne Kultur fördern sollte.

Eltern:

Sie sind sehr stark in der Bürgerinitiative Ihres Wohnviertels engagiert und sind deshalb sehr enttäuscht, daß Ihr/e Sohn/Tochter Ihnen in den Rücken fällt.

Versuchen Sie, Ihre/n Tochter/Sohn und Brieffreund/in zu überzeugen, daß es keine gute Idee ist, das neue Theater zu besuchen. Benutzen Sie bei Ihrer Argumentation die Punkte, die im Zeitungsartikel erwähnt werden, und andere, die Ihnen einfallen. Sie könnten als Kompromiß vorschlagen, daß Ihr/e Tochter/Sohn wartet, bis die Filmversion erscheint.

16/Kartenvorbestellung

Sie sind in Hamburg und möchten telefonisch Karten für das Musical „Phantom der Oper" im Theater „Neue Flora" vorbestellen.

Spielen Sie dieses Telefongespräch anhand des beiliegenden Theaterplans mit einem/r Partner/in durch.

Da die meisten Vorstellungen fast ausverkauft sind, steht nur noch eine begrenzte Auswahl von Plätzen zur Verfügung. Versuchen Sie trotzdem, so gute Plätze wie möglich für den bestmöglichen Preis zu bekommen/anzubieten.

Fragen Sie eventuell auch, wie man zur „Neuen Flora" kommt, wenn Sie aus einer der sechs angegebenen Städte kommen.

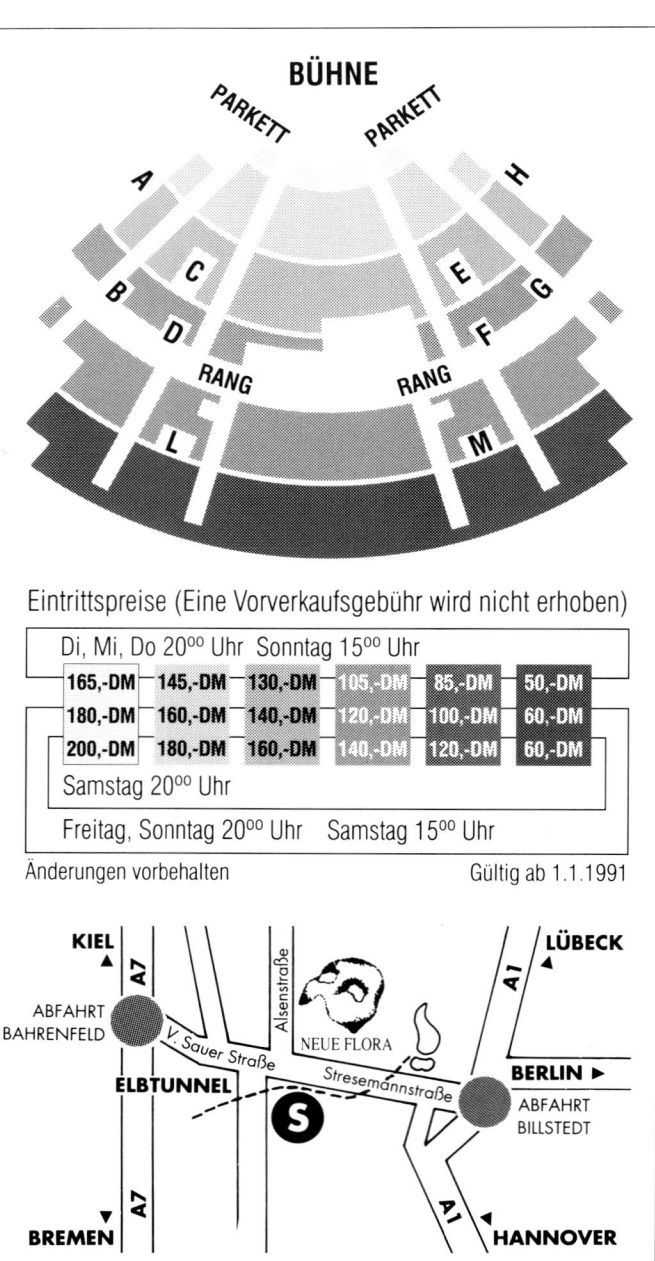

■ TV ■

Einführungsbericht

1/Verständnisfragen

1 Die Zahl 10 wird zweimal genannt. In welchen Zusammenhängen?

2 Welche Bedingungen müssen Frauen erfüllen, die bei den Passionsspielen mitwirken möchten?

3 Was machten aufgrund dieser Bedingungen die drei Frauen?

Sat.1 Reportage

2/Bild und Kommentar

a Sehen Sie sich die *Sat. 1* Reportage vorerst ohne Ton an und beantworten Sie folgende Fragen:

1 Welche Jahreszahl steht auf dem Haus mit der Wandmalerei?

2 Was ist vermutlich das Gebäude mit dem Kreuz an der Außenmauer?

3 Wie hat sich das Gericht vermutlich entschieden? Woran sehen Sie das?

b Sehen Sie sich die *Sat. 1* Reportage noch einmal an; diesmal mit Ton. Welche der folgenden Szenen illustrieren den Kommentar in der Reportage, welche nicht?

1 Holzfiguren

2 Haus mit Wandmalereien

3 Wegweiser zum Passionsspielhaus

4 Schauspieler auf der Bühne

5 Wappen des bayerischen Verwaltungsgerichtshofes

6 Christus mit der Dornenkrone

3/Verständnisfragen

1 Welche Entscheidung traf das Gericht?

2 Was wird in der Reportage als „bajuwarische Revolution" bezeichnet?

3 Was fanden die drei Frauen an der Verordnung besonders lächerlich?

4 Worauf beriefen sich die drei Frauen in ihrer Klage vor Gericht?

5 Was wird in der Reportage als „Happy End" bezeichnet?

6 Welche Meinung vertrat der Bürgermeister?

4/Synonyme

Finden Sie aus der Reportage Synonyme für die unterstrichenen Wörter.

1 10 Jahre sind genug, entschied das Gericht und beseitigte einfach eine alte Tradition.

2 Ein Auftritt war bislang Verheirateten und über 35jährigen verboten.

3 Für gestandene Männer grenzt das Urteil fast schon an eine bayerische Revolution.

4 Mütter und Alte hatten bisher auf der Bühne nichts zu suchen.

5 Zum Heulen fanden das drei derart Geschmähte, akzeptierten sie doch nicht, daß die Mutter eines 33jährigen Jesus gerade die Pubertät hinter sich haben durfte.

5/Lexikalische Übung

1 In der Reportage kommen mehrere juristische Begriffe vor wie zum Beispiel „jemandem recht geben" und „Schutz der Ehe". Finden Sie weitere und tragen Sie sie in die dafür vorgesehenen Kästchen ein.

V	E	R								R	I	C	H	T				

R	I	C	H	T							

V	E	R						

R	E	C	H	T						

V	E	R						

							R	E	C	H	T				

2 Was sind Geschmähte?
Was sind Einheimische?
Erklären Sie die Begriffe aus dem Kontext.

Passionsspiele eröffnet
Verdacht des Millionenbetrugs

1 OBERAMMERGAU, 20. Mai (AP). Überschattet von einem mutmaßlichen Betrug mit 20 000 zuviel verkauften Eintrittskarten sind die 39. Oberammergauer Passionsspiele am Sonntag in dem oberbayerischen Dorf eröffnet worden. Einen Tag vor Beginn der Passionsspielzeit, in der bis zum 30. September zu 95 Aufführungen eine halbe Million Menschen in Oberammergau erwartet werden, hatte Bürgermeister Fend mitgeteilt, daß ein ortsansässiges Hotel in die Affäre verwickelt sei und die Gemeinde die Staatsanwaltschaft eingeschaltet habe.

2 Nachdem der Erzbischof von München und Freising, Friedrich Kardinal Wetter, zum Beginn der Passion schon am Vorabend einen Gottesdienst zelebriert hatte, fanden sich zur Premiere zahlreiche Ehrengäste ein, darunter Kanzleramtsminister Rudolf Seiters, der bayerische Ministerpräsident Max Streibl mit mehreren Mitgliedern seines Kabinetts und der amerikanische Botschafter in Bonn, Vernon Walters. Beim Beginn des Spiels vom Leiden und Sterben Jesu Christi war der Himmel von dichten Wolken bedeckt, und es war kühl - erst im Laufe des Tages klarte es allmählich auf.

Längst ausverkauft

3 Das Hotel, das in den Betrugsfall verwickelt sein soll, hat nach Angaben von Bürgermeister Fend auf eigene Faust Verträge mit zwei namhaften britischen Reisebüros abgeschlossen und versprochen, 20 000 Passionsspielkarten zu liefern, obwohl die Spiele längst ausverkauft waren. Die Reiseveranstalter hätten dafür schon rund zwei Millionen Mark an den Hotelier bezahlt. Der Alleinvertrieb der Passionsspielkarten liegt jedoch ausschließlich beim Oberammergauer Verkehrs- und Reisebüro. Nach Darstellung des Bürgermeisters hat die zuständige Staatsanwaltschaft schon die Ermittlungen zu dem mutmaßlichen Millionenbetrug aufgenommen.

4 Eine Forderung der britischen Veranstalter, an jedem spielfreien Donnerstag eine zusätzliche Vorstellung einzuschieben, um den 20 000 betroffenen Gästen doch noch das Passionsspiel zu bieten, sei vom Festspielkomitee abgelehnt worden, da sich die Reisebüros „leichtfertig und ohne vorherige Information auf die Millionenzahlungen" eingelassen hätten. „Wir wollten uns nicht erpressen lassen", fügte Fend hinzu. „Wenn wir dem nachgeben, wird bei den nächsten Spielen im Jahre 2000 verkauft auf Teufel komm raus", sagte der Bürgermeister.

Text stellenweise „entschärft"

5 Die Inszenierung des sechsstündigen Passionsspiels wurde von dem 28 Jahre alten neuen Spielleiter Christian Stückl zum Teil neu gestaltet. Nach Kritik an angeblich antisemitischen Passagen wurde der Text nach den Worten Stückls stellenweise „entschärft".

Damit solle dem Gedanken der Kollektivschuld der Juden am Tod Christi entgegengewirkt werden, hieß es. Vor allem jüdische Organisationen aus den Vereinigten Staaten hatten in der Vergangenheit immer wieder scharfe Kritik am Oberammergauer Passionstext geübt. Rund 50 Prozent der Gäste in Oberammergau kommen aus Amerika.

6 Die Oberammergauer Passion geht auf ein Gelübde der bayerischen Holzschnitzergemeinde aus dem Jahre 1633 zurück. Die Dorfbewohner hatten damals während einer Pestnot gelobt, die Leidensgeschichte Jesu Christi alle zehn Jahre auf die Bühne zu bringen.

7 Erstmals in der Geschichte der Spiele stehen in diesem Jahr auch verheiratete und mehr als 35 Jahre alte Frauen auf der Freilichtbühne. Sie hatten die Gleichberechtigung bei der Passion vor Gericht erstritten. Bisher durften nur ledige Frauen bis 35 Jahre beim Spiel mitwirken. Keine Änderung gibt es an der Regelung, daß alle Hauptdarsteller sowie die rund 2000 Statisten und Chorsänger in der Gemeinde geboren sein oder aber mindestens zwanzig Jahre dort ihren Hauptwohnsitz haben müssen. Prominentester Statist im „Fußvolk" auf der Passionsbühne ist der aus Oberammergau stammende bayerische Ministerpräsident Max Streibl, der auch in diesem Jahr gelegentlich auftreten will.

**PASSIONSSPIELKARTEN
ACHTUNG! WICHTIGER HINWEIS!**

Wir bitten um Verständnis. Passionsspielkarten sind nur gültig, wenn sie über das Oberammergauer Verkehrs- und Reisebüro erworben worden sind.

■*Texte*

Zeitung

6/Überblick

1 Die Benutzung von Zwischenüberschriften teilt den Zeitungsartikel grob in drei Teile. Welcher der drei Teile beschäftigt sich hauptsächlich mit dem in der Schlagzeile erwähnten Zitat „Verdacht des Millionenbetrugs"? Lesen Sie nur den ersten Satz in jedem Abschnitt.

2 Lesen Sie jetzt die drei Abschnitte des dritten Teiles. Welcher dieser Abschnitte beschäftigt sich mit dem in der Fernsehreportage vorgestellten Thema?

3 Die Zwischenüberschrift des dritten Teils lautet: „Text stellenweise entschärft". Welcher Text wurde entschärft, und warum?

4 Lesen Sie jetzt die Abschnitte des zweiten Teils. Die Zwischenüberschrift lautet: „Längst ausverkauft". Was war längst ausverkauft?

5 Lesen Sie jetzt die Abschnitte des ersten Teils. Fassen Sie die beiden Abschnitte jeweils stichwortartig zusammen.

7/Verständnisfragen

1 In welchem Zusammenhang werden die Zahlen 39 und 95 erwähnt?

2 Was wird über die folgenden Akteure gesagt?
   a das ortsansässige Hotel:
   b die Gemeinde:
   c Friedrich Kardinal Wetter:
   d den amerikanischen Botschafter:

3 Warum konnte das Hotel keine Passionsspielkarten an die englischen Reisebüros verkaufen?

4 Was haben die gerichtlichen Behörden in diesem Betrugsfall schon unternommen?

5 Was haben die englischen Reisebüros vorgeschlagen?

6 Warum wird der Vorschlag der englischen Reisebüros abgelehnt? Nennen Sie drei Gründe.

7 In welchem Zusammenhang werden die Gäste aus Amerika erwähnt?

8 Auf welches historische Ereignis gehen die Passionsspiele zurück?

9 Welche traditionelle Regelung wird vom Gericht nicht geändert?

8/Grammatikübung

Formen Sie die folgenden Sätze in Passivkonstruktionen um:
Zu den 39. Oberammergauer Passionsspielen erwartet man dieses Jahr eine halbe Million Menschen. Am Vorabend der Eröffnung zelebrierte der Erzbischof von München und Freising einen Gottesdienst. Leider überschattete ein mutmaßlicher Betrug die Passionsspiele. Ein ortsansässiges Hotel hatte 20 000 ungültige Eintrittskarten an zwei englische Reisebüros verkauft. Die Gemeinde hat inzwischen die Staatsanwaltschaft eingeschaltet, und diese hat bereits die Ermittlungen zu dem mutmaßlichen Millionenbetrug aufgenommen. Das Festspielkomitee lehnte eine Forderung der britischen Veranstalter, eine zusätzliche Vorstellung einzuschieben, ab.

9/Nacherzählung

Lesen Sie den ganzen Text noch einmal durch. Fassen Sie jeden Abschnitt unter mehreren Stichworten zusammen und erzählen Sie dann anhand Ihrer Stichworte den Zeitungsartikel nach.

10/Pressetelegramm

Dieses Telegramm stellt die Notizen eines Journalisten in Oberammergau dar. Bauen Sie die Notizen zu vollständigen Sätzen aus. Benutzen Sie dazu die Informationen aus dem Zeitungsartikel.

> TELEGRAMM
>
> PASSIONSSPIELE ERÖFFNET - VERDACHT DES MILLIONENBETRUGS - HOTEL IN AFFÄRE VERWICKELT - FESTPIELKOMITEE ZUR FORDERUNG BRITISCHER REISEBÜROS: KEINE ERPRESSUNG - KRITIK JÜDISCHER ORGANISATIONEN: TEXT STELLENWEISE ENTSCHÄRFT - GERICHTSURTEIL: GLEICHBERECHTIGUNG VON MANN UND FRAU - MINISTERPRÄSIDENT AUF DER BÜHNE

■ Transfer ■

11/Rollenspiel

Zwei englische Touristen, die extra aus England angereist sind, um die Passionsspiele zu sehen, müssen an der Abendkasse feststellen, daß ihre Eintrittskarten ungültig sind. Sie beschweren sich beim Veranstalter und versuchen, die Dame an der Kasse zu überreden, sie trotz ihrer ungültigen Karten in die Vorstellung zu lassen.

Touristen

Sie haben viel Geld für Ihre Reise und die Eintrittskarten ausgegeben und wollen unter allen Umständen die Vorstellung sehen. Benutzen Sie alle Ihre Überredungskünste, um doch in die Vorstellung gelassen zu werden. Mögliche Argumente können z. B. sein: daß es nicht Ihre Schuld ist, daß Sie ungültige Eintrittskarten haben; die Tatsache, daß die Passionsspiele nur alle 10 Jahre stattfinden; die Tatsache, daß Sie als Pilger angereist sind etc.

Überlegen Sie sich so viele Argumente wie möglich, und geben Sie nicht so schnell auf. Verlangen Sie unter Umständen auch, mit einem Verantwortlichen zu sprechen.

Dame an der Abendkasse

Sie haben strikte Anweisung, niemanden mit ungültigen Eintrittskarten in die Vorstellung zu lassen. Sie haben schon mehrere Leute nur mit Schwierigkeiten abgewiesen und haben es jetzt satt. Versuchen Sie, den Touristen klarzumachen, daß Sie keine Ausnahmen machen können. Mögliche Argumente: begrenzte Anzahl von Sitzplätzen; Brandschutzvorschriften; die Tatsache, daß der Veranstalter nicht die Schuld für die ungültigen Eintrittskarten trägt etc.

Wenn es Ihnen nicht gelingt, die Touristen abzuweisen, holen Sie den Veranstaltungsleiter zu Hilfe.

Veranstaltungsleiter

Sie wissen, daß viele ungültige Eintrittskarten im Umlauf sind. Sie haben zwar Mitleid mit den Betrogenen, können aber trotzdem die Inhaber der ungültigen Karten nicht in die Vorstellung lassen. Sie empfehlen den Betrogenen unter anderem, sich mit ihrem Reisebüro, bei dem sie die Karten gekauft haben, in Verbindung zu setzen und Kompensation zu verlangen. Sie sind auch gegen den Vorschlag, zusätzliche Vorstellungen anzusetzen, weil Sie befürchten, daß sonst solch ein Betrug noch einmal vorkommen könnte.

Bereiten Sie Ihre Rollen vor, und setzen Sie dann diese Meinungsverschiedenheit in Szene. Bei der Argumentation sind Ihrer Phantasie keine Grenzen gesetzt.

12/Schriftliche Übung

Man hat Sie trotz Ihrer Überredungsversuche nicht in die Vorstellung der Passionsspiele in Oberammergau gelassen. Sie sind enttäuscht und wütend. Schreiben Sie einen Beschwerdebrief und adressieren Sie ihn an den Ministerpräsidenten (der selber an den Passionsspielen teilgenommen hat), von dem Sie hoffen, daß er mehr Verständnis für Sie haben wird. Weisen Sie auf die besondere Situation ausländischer Touristen hin, die zum Teil von weither angereist sind.

13/Partnerarbeit

Der in der Reportage und im Zeitungsartikel erwähnte Gerichtsfall über die Gleichberechtigung von Mann und Frau wird sicher nicht der letzte Rechtsstreit dieser Art gewesen sein.

Arbeiten Sie mit einem/er Partner/in zusammen, und überlegen Sie sich andere Bereiche und Situationen, in denen die Gleichberechtigung von Mann und Frau noch immer nicht verwirklicht ist. Würde Ihrer Meinung nach in diesen Bereichen ein Gerichtsurteil helfen, oder müßte man auf anderen Wegen versuchen, Gleichberechtigung zu erreichen? Diskutieren Sie anschließend Ihre Ergebnisse in der Klasse.

■ TV

Einführungsbericht

1/Verständnisfragen

1 Was für einen Grund gibt es in Oberpfaffenhofen zu feiern?

2 Welche zwei Aufgaben haben die neuen Betriebszentren?

3 Welchem Forschungsbereich wird in der Forschungsanstalt Priorität gegeben?

Sat.1 Reportage

2/Bild und Kommentar

a Im Bild neben der Nachrichtensprecherin sieht man ein Objekt mit den Worten „Raumfahrtkontrollzentrum Oberpfaffenhofen". Raten Sie, was das sein könnte:
1 eine Rakete   2 ein Kran   3 eine Plastik

b Die Beschreibungen der Szenen sind durcheinander geraten. Ordnen Sie zu, so daß sie die Szenen der Reportage richtig beschreiben:

1	Raumforscher	a	mit rostigem Dach
2	Blechbarracke	b	mit Krananlage
3	Raumfahrzeug	c	mit blau-weiß gestrichenen Mauern
4	große Halle	d	mit Leinwand und Computern
5	Kontrollraum	e	beim Andocken
6	Weltraumlabor	f	beim Eintippen von Daten
7	neue moderne Gebäude	g	bei der Fernsteuerung von Robotern
8	Raumforscher	h	im Querschnitt

3/Verständnisfragen

1 Was kann durch die Betriebszentren in zwei Jahren geschehen?

2 In welchem Zusammenhang steht die Zahl 100 Millionen?

3 Was für eine Aufgabe hat das erstgenannte Kontrollzentrum?

4 Womit beschäftigt man sich in dem Betriebszentrum Epos? Nennen Sie drei Dinge.

5 Warum hat die Robotertechnologie Priorität?

4/Einsetzübung

Ergänzen Sie aus dem Bericht:

1 Die deutsche Forschungsanstalt . . . hat neue, wichtige Betriebszentren hinzubekommen. Damit sind die _____ dafür _____, daß . . .

2 Die Zeit der Blechbarracken in der deutschen Luft- und Raumfahrtforschung _____ _____ _____ .

3 Für Supertechnologie und immer _____ _____ im All braucht man immer _____ _____ .

4 Von hier kommunizieren Wissenschaftler und Techniker mit den deutschen Astronauten _____ _____ .

5 Epos heißt das andere Zentrum, in dem mit _____ _____ getestet wird, wie ein Raumfahrzeug an ein anderes andockt.

6 Hier wird auch ausprobiert, wie man Satelliten per Fernsteuerung stabil in ihrer _____ halten kann.

5/Zuordnung

Ordnen Sie jedem Substantiv das richtige Verb zu. Manchmal sind mehrere Verben möglich.

1	Daten	a	hinblättern
2	Geld	b	ausführen
3	Roboter	c	empfangen
4	Räumlichkeiten	d	steuern
5	Raumfahrtmission	e	lenken
6	Aufgaben	f	auswerten
		g	stellen
		h	brauchen

6/Eigener Bericht

Auf einer Weltraumtagung stellen Sie Kollegen Ihr neues Weltraumzentrum in Oberpfaffenhofen vor. Zeigen Sie Ihren Kollegen die Reportage ohne Ton, und geben Sie Ihre eigenen Erklärungen dazu ab. Sie könnten beispielsweise beginnen:

„Hier sehen wir die Blechbarracke, in der wir früher arbeiten mußten."

Ein Tag in der Oberpfaffenhofener Raumfahrt-Versuchsanstalt
Im Kontrollraum herrscht nervöse Spannung

In der Kommunikations- und Informationstechnik nehmen die Nachrichtensatelliten einen immer wichtigeren Stellenwert ein. So hat auch die Post nach einem zunächst fehlgeschlagenen Versuch (TV SAT 1) nun zwei Satelliten glücklich ins Weltall befördert: „Kopernikus" und TV SAT 2. Was viele nicht wissen: Gesteuert und kontrolliert werden die Kommunikationsträger von der Deutschen Forschungs- und Versuchsanstalt für Luft- und Raumfahrt (DLR) in Oberpfaffenhofen. Der folgende Bericht schildert Erlebnisse unserer Reporterin, die nach dem Start des „Kopernikus" in Kourou einen Tag im Kontrollzentrum Oberpfaffenhofen verbrachte.

1 Noch sitzen nur wenige Leute im rot verdunkelten Kontrollraum hinter ihren Bildschirmen. Das heutige „Station keeping"-Manöver, um am Satelliten eine sogenannte Ost-West-Korrektur durchzuführen, ist erst in zwei Stunden angesetzt. Zeit genug also, um Routinechecks durchzuführen wie die Überprüfung der Satellitenbatterie, die dank Sonnengeneratoren allerdings nur während zweier Perioden im Jahr benötigt wird.

2 Zu den 28 Kontrollbildschirmen im Raum kommen zwei große Projektionsleinwände dazu, die unterschiedliche Bilder liefern: Die Leinwand links zeigt, welche Station gerade mit dem Datenempfang und der Kommandogebung betraut ist (zum Beispiel Weilheim, Madrid, Goldstone in Kalifornien), oder eine Station auf den Seychellen; auf der rechten Leinwand kann man sich von der Position des Satelliten überzeugen, der auf seinem Orbit gerade über Afrika steht, ostwärts zu Deutschland in nahezu optimaler Lage.

3 Langsam bevölkert sich jetzt die erste der drei Reihen im Kontrollraum, an der die Verantwortlichen der „Mission" sitzen. George Hiendlmeier, „Operations Mission Director", wie auf einem Pappschild zu lesen ist, läßt sich in der Mitte hinter seinem Bildschirm nieder und spielt mit einem *Kopernikus*-Modell. Auch Otto Schmeller, der „Mission Manager" von rechts außen, erscheint. Schmeller, seines Zeichens Abteilungspräsident im Fernmeldetechnischen Zentralamt der Bundespost in Darmstadt, ist während der mehrwöchigen Testphase als Auftraggeber in Oberpfaffenhofen anwesend.

4 Die Post, so Schmeller auf die Frage nach der Wichtigkeit des *Kopernikus*, habe bisher nur internationale

DATENEMPFANGS- UND KOMMANDOZENTRALE *in Oberpfaffenhofen: Der Kontrollraum, von dem aus Verbindung besteht zu anderen Stationen, zum Bespiel in Kalifornien oder auf den Seychellen.*

Satelliten benutzt, doch sei der Bedarf an Kapazität vorhanden. So solle denn auch gleich ein zweiter, ebenfalls 250 Millionen Mark teurer Satellit zur Jahreswende folgen, ein dritter bleibe ersatzweise auf dem Boden.

5 Auch der 446 Jahre nach dem Tod des Astronomen „geborene" neue *Kopernikus* soll große Dinge leisten, so soll doch dieses Deutsche Fernmelde-Satellitensystem DFS eine „neue Ära" bei den Kommunikationsdiensten der Bundespost einläuten. „Die sogenannten neuen Dienste", erklärt Schmeller, „sind in erster Linie Datenübertragungen. Wir haben ein Netz von 30 Stationen über die BRD verteilt, und der Satellit greift die ganze Fläche ab, so daß Videokonferenzen, Ferndrucken von Zeitungen und eine Unzahl von Rechnerverbindungen möglich sind." Auch könnten Millionen von Fernsehzuschauern von der Satelliteneinspeisung ins Kabel profitieren, was neun bis zehn Programme zusätzlich bedeute. Ferner sicherten die dadurch zustandegekommenen 2000 Telefonleitungen nach West-Berlin das bestehende System ab. Ein neues Gebiet betritt die Post übrigens mit der Erprobung eines sehr hohen Frequenzbereiches, dem sogenannten Ka-Band, in dem der Orbit noch nicht so bevölkert ist, und mit dem es mögich ist, auf der Erde mit kleineren Antennen als bei den bisher benutzten Frequenzbändern zu arbeiten (zum Beispiel bei Sportplatzreportagen). Zehn Jahre, berichtet der 57jährige Schmeller, ein studierter Elektrotechniker, sei die Lebensdauer so eines

Satelliten, dann lieferten die Sonnenzellen nicht mehr genug Strom, oder der Treibstoff des Satelliten sei sozusagen am Ende.

6 Punkt 14 Uhr im Kontrollraum: Das „station-keeping"-Manöver hat begonnen. Der Kontrollraum ist besetzt; in der ersten Reihe haben sich die Missionsverantwortlichen niedergelassen, in der zweiten die Kommandooperateure, in der dritten Reihe sitzen die Zuständigen für die Subsysteme des Satelliten.

7 Mit dem „InterCom-System" hat Operations Missions Director George Hiendlmeier weltweiten Zugriff zu den Bodenstationen und kann alle Beteiligten kontaktieren. Die direkte Verbindung ist wichtig für schnelle Entscheidungen. In der heutigen Ost-West-Korrektur soll der Satellit beschleunigt werden, um ihn ein Stück weiter nach Osten zu rücken. Zuvor werden Daten über seinen Zustand abgefragt, um den *Kopernikus* dann mit vorher minutiös ausgerechneten Kommandos zu füttern. Auf dem rechten großen Bildschirm steht die Reihe der Kommandos, die nacheinander abgehakt werden. Bei jedem erfolgreich verlaufenen Befehl erscheint ein „directive executed successfully" über dem Befehl. Im Kontrollraum herrscht lässige Gelöstheit, ab und zu zeigen sich die beiden Vertreter der Industrie und des Auftraggebers (MBB/ERNO und Post) in der ersten Reihe gegenseitig etwas auf dem Bildschirm. Routine im Kontrollzentrum Oberpfaffenhofen. Das Warten auf neue „Koperniküsse" hat begonnen.

■*Texte*■

Zeitung

7/Überblick

1 Lesen Sie nur die Schlagzeile, und sehen Sie sich das Foto an. Worum geht es wahrscheinlich im Zeitungsartikel, wenn Sie nur diese beiden in Betracht ziehen?

2 **a** Lesen Sie nun die Einleitung. Was hat die DLR mit „Kopernikus" und „TV SAT 2" zu tun?

   b Bestätigt die Einleitung Ihre Erwartungen an den Inhalt des Textes? (vergleiche Frage 1).

3 Lesen Sie jeweils nur den ersten Satz eines jeden der folgenden Abschnitte.

   a Welche Abschnitte beschreiben wahrscheinlich nach den ersten Sätzen den Kontrollraum und was darin vorgeht?

   b Welche beschreiben wahrscheinlich etwas anderes?

8/Verständnisfragen

Lesen Sie jetzt den ganzen Artikel und beantworten Sie folgende Fragen:

1 Was für eine Aufgabe soll im Kontrollraum ausgeführt werden?

2 Wie viele Batterien hat der Satellit?

3 Welche wichtigen Personen werden namentlich genannt, und welche Positionen haben sie inne?

4 Welche generellen Aufgaben hat das Deutsche Fernmelde-Satellitensystem (DFS)?

5 Was kann das DFS-System im einzelnen leisten? Drei Leistungen

6 Welchen besonderen Vorteil hat das sogenannte Ka-Band?

7 Was begrenzt das Leben eines Satelliten?

8 Was ist das Ziel des heutigen Manövers?

9 **a** Was sieht man auf den beiden Projektionsleinwänden links und rechts?

   b Was steht auf dem rechten Großbildschirm?

   c Welche Personen sitzen in welchen Reihen?

9/Grammatikübung

Setzen Sie die folgenden Aktivsätze ins Passiv:

1 Die Leinwand links zeigt, welche Station gerade mit dem Datenempfang betraut ist. Auf der linken Leinwand . . .

2 Ferner sicherten die dadurch zustandegekommenen Telefonleitungen das bestehende System ab. Ferner . . .

3 Die Post hat bisher nur internationale Satelliten benutzt. Bisher . . .

4 Auch der neue Kopernikus soll große Dinge leisten. Große Dinge . . .

5 So soll doch dieses DFS-System eine neue Ära bei den Kommunikationsdiensten der Bundespost einläuten. So soll eine neue Ära . . .

6 Wir haben ein Netz von 30 Stationen über die BRD verteilt. Ein Netz . . .

10/Lexikalische Übung

Welche Fremdwörter werden im Text verwendet, die folgende Bedeutungen haben?

1 Routineüberprüfungen

2 Umlaufbahn

3 Auftragsleiter

4 Epoche

5 Fernsprechanlage

6 Befehl erfolgreich ausgeführt

11/Zusammensetzung

Zerlegen Sie die folgenden zusammengesetzten Substantive in ihre einzelnen Bestandteile. Beispiel:

Weltraumzentrum = Welt | Raum | Zentrum

1 Videokonferenzen

2 Kontrollbildschirm

3 Datenempfangszentrale

4 Kommandogebung

5 Bodenstation

6 Auftraggeber

7 Rechnerverbindungen

8 Sportplatzreportagen

■ Transfer ■

12/Partnerarbeit

a 1 Haben Sie sich schon einmal überlegt, ob Sie Astronaut/in werden möchten? Was finden Sie an diesem Beruf attraktiv bzw. unattraktiv? Machen Sie eine Liste.

2 Welche Eigenschaften und beruflichen Qualifikationen müssen Ihrer Meinung nach Astronauten und Kontrollraumpersonal haben?

b 1 Laut Zeitungsartikel kann man über den Kopernikus-Satelliten 9 bis 10 zusätzliche Fernsehprogramme empfangen. Halten Sie das für wünschenswert? Wägen Sie die Vor- und Nachteile ab.

2 Durch den Kopernikus-Satelliten werden bald Videokonferenzen möglich sein. Wie stellen Sie sich eine solche Videokonferenz vor? Welche Vor- und Nachteile sehen Sie?

13/Schriftliche Übung

Sie möchten gerne mit Ihrer Klasse die Oberpfaffenhofener Raumfahrt-Versuchsanstalt besuchen. Schreiben Sie einen Brief an Herrn Direktor George Hiendlmeier, in dem Sie Ihr Anliegen erklären. Schreiben Sie auch, woran Sie besonders interessiert sind. Benutzen Sie dazu die Informationen aus dem Zeitungsartikel.

14/Rollenspiel

Raumschiff „Zeppelin"

George Hiendlmeier hat auf Ihren Brief geantwortet und hat Ihre ganze Klasse freundlicherweise in seine Versuchsanstalt eingeladen.

Er zeigt Ihnen unter anderem einen Raumfahrtsimulator, den Sie ausprobieren dürfen.

Das Problem, das Sie simulieren sollen, ist folgendes: Sie befinden sich im Weltraumlabor und müssen nach einer Explosion so schnell wie möglich wieder auf die Erde zurück. Durch die Explosion ist auch Ihr angedocktes Raumschiff beschädigt worden und kann deshalb nicht alle von Ihnen auf die Erde zurückbringen. Einer von Ihnen muß also leider im Weltraum bleiben. Das bedeutet den sicheren Tod. Niemand von Ihnen möchte natürlich zurückbleiben. Überzeugen Sie deshalb Ihre Kollegen davon, daß Sie für die Rückfahrt zur Erde unentbehrlich sind. Stimmen Sie zum Schluß ab, wer bleiben muß.

15/Diskussion

1 Sind Sie auch der Meinung, daß der Robotertechnologie Priorität gegeben werden sollte?

2 Wären Ihrer Meinung nach Tiere im All ein guter Kompromiß zwischen Menschen und Robotern im All?

3 Sind Sie vielleicht überhaupt der Meinung, daß das Geld, das man für Weltraumforschung ausgibt, anders viel sinnvoller verwendet werden könnte. Wenn ja, wofür? Wenn nein, nennen Sie Gründe.

4 In welchen Bereichen werden schon jetzt Roboter benutzt? Welche Vorteile haben Roboter in diesen Bereichen Menschen gegenüber?

5 Wir sind im Jahre 2000. Sie haben keine Zeit und keine Lust, Ihren Haushalt selber zu führen. Sie haben die Wahl zwischen einer Haushälterin und einem Roboter. Wofür entscheiden Sie sich, und aus welchen Gründen?

■ *TV* ■

Einführungsbericht A (Reisewelle)

1/Verständnisfragen

1 Worin unterscheidet sich Nordrhein-Westfalen von anderen Bundesländern?
2 Was für Verkehrsprobleme gibt es oft bei Ferienbeginn?
   a auf den Straßen
   b auf den Flughäfen
3 Warum hat das Personal am Last-Minute-Schalter besonders viel zu tun?

Sat.1 Reportage A

2/Verständnisfragen

1 Die Informationen, die die Nachrichtensprecherin und die Reporterin geben, unterscheiden sich in einem Punkt. In welchem?
2 Wozu führte der große Andrang?
3 Welchen Vorteil hat Spontanurlaub?

3/Einsetzübung

Ergänzen Sie aus dem Bericht:

1 Die erste _____ rollt bereits.
2 In Nordrhein-Westfalen _____ _____ die ersten Urlauber _____ in Richtung Süden.
3 Hier herrschte heute nachmittag _____.
4 Warteschlangen bei der Abfertigung gehörten bei dem Andrang zur _____.
5 Spontanurlaub ist in diesem Sommer wieder der _____.

Einführungsbericht B (Inntalautobahn)

4/Verständnisfragen

1 Warum ist die Inntalautobahn gesperrt?
2 Was ist außer der Autobahn noch gesperrt?
3 Was sind die Folgen der Sperrung für
   a Lastkraftwagen?
   b den übrigen Verkehr?

Sat. 1 Reportage B

5/Verständnisfragen

1 Warum ist die Inntalautobahn so wichtig?
2 Gab es schon Unfälle?
3 Wie alt ist die Inntalautobahn?
4 Wodurch kam es vermutlich zur Absenkung der Autobahnbrücke?
5 Was empfehlen
   a der ADAC?
   b der Autoclub Europa?

6/Einsetzübung

Ergänzen Sie aus dem Bericht:

1 Einem PKW-Fahrer _____ in der Nacht _____, daß die Autobahn ungewöhnlich wellig war.
2 Die 480 Meter lange _____ gehörte mit zu den modernsten Europas.
3 Eine Fehlkonstruktion wird _____.
4 Auch in den nächsten Tagen ist mit _____ zu rechnen.
5 _____ gibt es nicht.

Einführungsbericht C (Urlaub an der Ostsee)

7/Verständnisfragen

1 Warum sind die Urlauber an der Ostsee nicht zu beneiden?
2 Wie wirkt sich schlechtes Wetter auf die Urlauber aus?
3 Wie wirkt sich gutes Wetter auf die Urlauber aus?

Sat.1 Reportage C

8/Verständnisfragen

1 Welche Bedeutung haben in der Reportage die Zahlen 16, 19 und 35?
2 Was meinen die drei interviewten Frauen zum Wetter?
3 In welchen Punkten sind Urlauber laut Kurdirektor bei schlechtem Wetter besonders kritisch?
4 Welches Produkt wird bei schlechtem Wetter besonders oft verkauft, und warum?

9/Einsetzübung

Ergänzen Sie aus dem Bericht:

1 Bislang hat die Fußballweltmeisterschaft noch für
_____ und _____ gesorgt.

2 Und wer's ganz nett haben will, _____ _____
_____ im Zelt _____.

3 Da _____ man bei gutem Wetter über einiges
_____.

4 Das ist eigentlich doch das _____, was verkauft wird.

10/Urlaubsbericht

Stellen Sie sich vor, daß Sie in Ihrem Urlaub dieselben
Erlebnisse hatten wie in einer der drei Reportagen.
Schreiben Sie eine Postkarte aus dem Urlaub, auf der Sie
Ihre Erlebnisse beschreiben.

■ Texte ■

Zeitung

11/Überblick

In welchen Abschnitten wird etwas über folgende Punkte
gesagt? Einige Punkte werden in mehreren Abschnitten
erwähnt.

1 ( ) vermutliche Ursachen für die Absenkung

2 ( ) Sperrung der Bahnstrecke

3 ( ) befürchtetes Chaos

4 ( ) eventuelle Sprengung der Brücke

5 ( ) Neigung der Brücke

6 ( ) Reaktion der Autofahrer auf Radiomeldungen

7 ( ) Messungen

8 ( ) Reaktion der Autofahrer auf den Zustand der
Autobahnbrücke

9 ( ) Verkehrschaos in Kufstein

10 ( ) verschobene Freigabe der Bundesstraße 175

11 ( ) Krisenstab

12/Zeitgeschehen

1 Lesen Sie den ersten Abschnitt. Welche Ereignisse ordnen
Sie **a** der Vergangenheit, **b** der Gegenwart und
c der Zukunft zu?

2 Welche anderen Ereignisse im weiteren Bericht weisen in
die Zukunft?

13/Ursache und Wirkung

a 1 Es gibt zwei Vermutungen über die Ursache der Absenkung? Welche Vermutungen sind das?

2 Was spricht für die Vermutungen, was dagegen?

3 In welchem Punkt unterscheiden sich die vermuteten
Ursachen im Zeitungsartikel und in der *Sat. 1* Reportage?

b Der Zeitungsartikel beschäftigt sich in hohem Maße mit
Ursachen und Wirkungen. Stellen Sie möglichst viele
solcher Verbindungen her, und zwar nach folgendem
Muster:
*Die Inntal-Autobahnbrücke mußte gesperrt werden, weil
Einsturzgefahr bestand.*

14/Diagramme

Sehen Sie sich die beiden Diagramme an und lesen Sie auch
den Bildtext dazu.

1 Wer soll Route 3 benutzen, und wer nicht?

2 Bei welchen Städten liegt die A7?

3 Wem wird besonders die Route über die A7 empfohlen?

15/Gesprächsstoff

Sicher standen Sie schon einmal im Stau. Wo und wie lange
mußten Sie warten? Was waren die Ursachen für den Stau?
Wo wollten Sie hin? Konsequenzen? Was haben Sie getan,
um sich die Zeit zu vertreiben? Was wurde unternommen,
um den Stau zu beseitigen etc.?

Geräusche wie von einem Erdbeben

Inntal-Autobahnbrücke geht in die Knie / Dem Ferienverkehr droht ein Chaos

Von Hans Holzhaider

1 München, 12. Juli Einen Tag vor Beginn der nächsten großen Ferienreisewelle in den Süden ist die Hauptroute des Verkehrs nach Österreich und Italien unbefahrbar geworden. Seit dem späten Mittwochabend ist die Autobahnbrücke über den Inn bei Kufstein wegen akuter Einsturzgefahr gesperrt. Der im Inn stehende Tragpfeiler der Brücke hatte sich bis zum Donnerstagnachmittag um 80 Zentimeter geneigt. Experten rechnen damit, daß die Autobahn mindestens ein halbes Jahr gesperrt bleiben muß. Möglicherweise müsse die Brücke gesprengt werden, hieß es nach einer Sitzung des Krisenstabes, der bei der Bezirkshauptmannschaft in Kufstein gebildet wurde.

2 Auch die unter der Brücke verlaufende Bahnstrecke und die Bundesstraße von Wörgl nach Kiefersfelden mußten gesperrt werden; die parallel zur Autobahn verlaufende Brücke der Bundesstraße 175, die gerade saniert wurde, ist zwar nicht in Mitleidenschaft gezogen, soll aber vorsorglich auch nicht wie vorgesehen am 26. Juli für den Verkehr freigegeben werden. Der Pkw-Verkehr wurde gestern durch die Kufsteiner Innenstadt umgeleitet. Rund 350 Lkws, die bei Kiefersfelden nach Österreich einfahren wollten, mußten kehrtmachen. Der von Süden kommende Lkw-Verkehr, der nicht mehr rechtzeitig umgeleitet werden

konnte, sollte in der Nacht zum Freitag schubweise durch Kufstein geschleust werden.

3 Gegen 22 Uhr am Mittwochabend hatten Autofahrer bemerkt, daß sich die Fahrbahn auf der Brücke der Inntal-Autobahn zu neigen begann. Sie alarmierten die Polizei in Kufstein, die sofort die Autobahn sperrte. Als Experten vom Landbauamt in Innsbruck am Morgen die Brücke inspizierten, stellten sie fest, daß sich der Hauptpfeiler um 60 Zentimeter aus dem Lot geneigt und leicht gedreht hatte. Zwischen den Richtungsfahrbahnen der Autobahn war ein Riß aufgetreten. Messungen im Lauf des Vormittags ergaben, daß sich der Pfeiler weiterhin um zwei Millimeter in der Viertelstunde neigte. Die Brücke gebe „Geräusche wie bei einem Erdbeben" von sich, berichtete ein Beobachter der Deutschen Bundesbahn.

4 Über die Ursachen der Absenkung gibt es bisher nur Vermutungen. Mehrere Personen riefen bei der Polizei an und erklärten, sie hätten ein leichtes Erdbeben wahrgenommen. Das wurde jedoch vom Zentralinstitut für Meteorologie und Geodynamik in Wien nicht bestätigt. Die Meßinstrumente hätten im fraglichen Zeitraum keinerlei Erdbewegungen registriert, hieß es dort. Nach Angaben von Georg Adelmanninger, dem Verkehrsreferenten in der Kufsteiner Bezirkshauptmannschaft,

gab es in letzter Zeit auch keine außergewöhnlichen Regenfälle, die zu einer Unterspülung des Brückenfundaments hätten führen können. Bisher habe es mit der in den Jahren 1965 bis 1967 gebauten Brücke keine Probleme gegeben.

5 Für die Kufsteiner Innenstadt bedeutet die Autobahnsperrung ein Verkehrschaos, dessen Ende nicht abzusehen ist. Erst vor kurzem waren die Durchgangsstraßen im Zuge einer Verkehrsberuhigung künstlich verengt worden. Den ganzen Donnerstag über bewegten sich die Pkw-Kolonnen, die bei den Autobahnausfahrten Kufstein-Nord und -Süd aus- beziehungsweise eingeleitet wurden, nur im Schrittempo durch die Stadt. Ein Sprecher der Polizei in Rosenheim, wo ebenfalls ein Krisenstab gebildet wurde, berichtete am Nachmittag, auf der Autobahn München-Kufstein sei es relativ ruhig, weil viele Autofahrer aufgrund der ständig wiederholten Radiodurchsagen schon von sich aus andere Routen gewählt hätten.

6 Die eigentlichen Probleme werden aber erst am Wochenende erwartet. Am Donnerstag begannen in Niedersachsen, Bremen und Westberlin die Schulferien, bei den Autowerken Opel und Ford beginnen die Werksferien. Ein Sprecher des ADAC sagte, auch auf den Ausweichrouten drohe eine „Katastrophe".

Ausweichrouten:
1) München - Garmisch - Grießen
   Landeck - Reschenpaß - Meran - Bozen
2) München - Garmisch - Mittenwald
   Scharnitz - Innsbruck
3) München - Achenpaß - Innsbruck

Nach Sperrung der Inntalautobahn (A12) bieten sich ab München in Richtung Italien die drei oben genannten Ausweichrouten an. Der Fernlastverkehr wird über die Route 3 (Achenpaß) umgeleitet. Diese Strecke sollte daher von PKW-Fahrern gemieden werden. Reisende aus Richtung Stuttgart können ab Ulm die A7 Richtung Kempten benutzen und von dort aus über Reutte in Richtung Innsbruck weiterfahren. Diese Route ist insbesondere den Gespann- Fahrern zu empfehlen.

■ *Transfer* ■

16/Schriftliche Übung

Sie haben gerade einen „Spontanurlaub" hinter sich, der zwar sehr billig war, dafür haben Sie allerdings auch sehr viele Unannehmlichkeiten gehabt. Vieles war nicht so, wie man es Ihnen am Last-Minute-Schalter gesagt hatte. Sie schreiben deshalb einen Beschwerdebrief, in dem Sie Ihre Erlebnisse schildern und um teilweise Rückerstattung Ihres Geldes bitten.

17/Gesprächsstoff

a Was kann man bei gutem Wetter alles unternehmen, was bei schlechtem Wetter?

b Wie wirkt Ihrer Meinung nach gutes bzw. schlechtes Wetter auf die Psyche?

Machen Sie zu beiden Fragen eine Liste und unterhalten Sie sich dann in der Klasse über persönliche Erfahrungen, die Sie mit gutem und schlechtem Wetter gemacht haben.

18/Partnerarbeit

a Sie und Ihr/e Partner/in sind per Anhalter unterwegs nach Italien und fahren über die Inntalautobahn. Wie der PKW-Fahrer in dem Zeitungsbericht bemerken auch Sie, daß die Autobahn "ungewöhnlich wellig" ist.

Welche der folgenden Maßnahmen ergreifen Sie, welche nicht? Ordnen Sie anschließend die Maßnahmen, die Sie ergreifen, nach Priorität. Begründen Sie Ihre jeweilige Wahl und diskutieren Sie sie in der Klasse.

- Warndreieck aufstellen
- andere Autofahrer warnen
- Polizei anrufen
- die Brücke genauer untersuchen
- die Brücke sperren
- weiterfahren
- Krankenwagen anrufen
- Feuerwehr anrufen
- Warnblinklicht einschalten
- sich auf die Autobahn stellen und andere Autos anhalten

b Sie sind noch immer auf der Inntalautobahn und beschließen, jetzt die Polizei anzurufen. Die Polizei kann jedoch nicht sofort zur Autobahnbrücke eilen, sondern muß Ihnen zuerst einmal einige Fragen stellen, z.B. über den genauen Zustand der Brücke, ob sich schon Unfälle ereignet haben, ob Sie schon Maßnahmen zur Sicherung der Brücke ergriffen haben etc. Und natürlich braucht die Polizei auch Ihre Personalien.

Spielen Sie dieses Telefongespräch mit einem/er Partner/in durch.

19/Rollenspiel

Sie sind im Urlaub in Ihrem Hotel. Ihnen fällt unter anderem auf, daß weder Feuerlöscher noch gekennzeichnete Fluchtwege zu sehen sind.

Sie lesen daraufhin die Brandvorschriften und finden, daß einige Hinweise irreführend sind. Außerdem sind Sie der Meinung, daß man den Grund für einige Brandvorschriften angeben sollte, damit der Hotelgast weiß, warum er die Anweisungen befolgen sollte.

Sie beklagen sich bei der Hotelverwaltung und machen Vorschläge zur Verbesserung der Sicherheitsmaßnahmen und Vervollständigung der Brandvorschriften.

Spielen Sie die Situation mit einem/er Partner/in durch. Ihr/e Partner/in repräsentiert die Hotelverwaltung und verteidigt seine/ihre Position.

Sollte es einmal brennen, beachten Sie folgende Hinweise!

1 Haben Sie den Brand selbst entdeckt, verständigen Sie sofort die Rezeption über Telefon-Nr. . . .
2 Verlassen Sie Ihr Zimmer und schließen Sie die Tür.
3 Warnen Sie gefährdete Personen.
4 Bekämpfen Sie Kleinbrände mit Feuerlöschern.
5 Begeben Sie sich auf den gekennzeichneten Fluchtwegen in Sicherheit.
6 Benutzen Sie auf keinen Fall den Aufzug.
7 Sind die Fluchtwege völlig verqualmt, bleiben Sie in Ihrem Zimmer und schließen Sie die Tür. Machen Sie sich am (geschlossenen) Fenster bemerkbar.

12 | *Tag der deutschen Einheit*

Einführungsbericht

1/Verständnisfragen

An drei Orten wird der Tag der deutschen Einheit auf unterschiedliche Weise begangen. Sehen Sie sich zuerst nur den Einführungsbericht an. Tragen Sie dann in das Diagramm so viele Einzelheiten wie möglich ein.

1 Wo?	2 Wo?	3 Wo?
Wer?	Wer?	Wer?
Was?	Was?	Was?

Sat.1 Reportage

2/Bild und Kommentar

1 Sehen Sie sich jetzt die *Sat. 1* Reportage an, aber vorerst ohne Ton. Machen Sie Notizen über die einzelnen Szenen. Was wird in den einzelnen Szenen gemacht? Wo finden die jeweiligen Szenen vermutlich statt?

2 Sehen Sie sich jetzt die Reportage mit Ton an und vervollständigen Sie das Schema von Frage 1.

3 Beschreiben Sie die Atmosphäre an den drei Orten mit jeweils zwei oder drei Adjektiven.

3/Verständnisfragen

a Rede Richard von Weizsäckers

1 Hören Sie sich die Auszüge aus der Rede des Bundespräsidenten an und nennen Sie drei Punkte, die er erwähnt.

2 Wer hielt außer dem Bundespräsidenten eine Rede?

3 Welcher Punkt wird in allen drei Reden erwähnt?

4 Worauf spielt Richard von Weizsäcker an, wenn er „die Freude, die wir empfinden", als „Götterfunke" bezeichnet?

b Demonstrationen

1 Wer waren die Demonstranten, und warum demonstrierten sie?

2 Warum war die Polizei da, und was mußte sie tun?

3 Wie lauteten das Motto und der Schlachtruf der Demonstranten?

c Ende gut, alles gut

Was wird am Ende der Reportage als „die erste erfreuliche Erscheinung im geeinten Deutschland" bezeichnet? Nennen Sie Details.

4/Zuordnung

Welche Adjektive werden in Verbindung mit welchen Substantiven verwendet? Ordnen Sie zu:

1	feierlich	a	Platz
2	würdevoll	b	Paß
3	politisch	c	Erscheinung
4	bemerkenswert	d	Szene
5	vereint	e	Staatsakt
6	national-sozialistisch	f	Erweiterung
7	bloß	g	Sonntagsstimmung
8	dauerhaft	h	Miene
9	westlich	i	Einheitsparty
10	ausgelassen	j	Genüsse
11	turbulent	k	Vergangenheit
12	lukullisch	l	Deutschland
13	autonom	m	Rede
14	bundesdeutsch	n	Prominenz
15	erfreulich	o	Demokratien

5/Synonyme

Ersetzen Sie die unterstrichenen Wendungen durch die Ausdrücke, die gleichbedeutend in der Reportage verwendet werden:

1 Zum <u>Beginn</u> der Feierstunde.

2 Ein Lächeln vor Freude war kaum <u>zu erkennen</u>.

3 Oder <u>war der Grund dafür einfach</u>, daß die politische Prominenz müde war?

4 Höhepunkt der heutigen Feierlichkeiten - das ist <u>nicht zu leugnen</u> - war sicher die Rede des Bundespräsidenten.

5 Das wollen wir Ihnen natürlich nicht <u>verheimlichen</u>.

6 Ausgang für <u>die ganze Familie stand auf dem Programm</u>.

7 Die Polizei war da, weil gewalttätige <u>Aktionen</u> befürchtet wurden.

6/Gesprächsstoff

An welcher der drei Veranstaltungen hätten Sie am liebsten teilgenommen, und warum? Diskutieren Sie in einer kleinen Gruppe.

Das Land ist wieder vereint und uneingeschränkt souverän

Der glücklichste Tag der Deutschen

Die DDR verabschiedet sich mit der „Ode an die Freude" / Weizsäcker: Sich zu vereinen, heißt teilen lernen / Siegermächte verzichten auf ihre Rechte / Gorbatschow erwartet von der Einheit Festigung des Friedens

Berlin, 3. Oktober- Die beiden deutschen Staaten sind vereinigt. Mit dem Hissen der Bundesflagge vor dem Berliner Reichstag hörte nach fast 41 Jahren am Mittwoch um null Uhr die Deutsche Demokratische Republik zu bestehen auf. Sie trat dem Geltungsbereich des Grundgesetzes bei. Die alliierten Siegermächte hatten zuvor auf ihre Vorbehaltsrechte verzichtet und damit 45 Jahre nach dem Sieg über das Dritte Reich den Deutschen die Souveränität zurückgegeben. Die Einheit, zu der aus aller Welt Glückwünsche eingingen, wurde im ganzen Land mit Zeremonien und Volksfesten gefeiert. Allein in Berlin, der neuen Hauptstadt der Bundesrepublik, waren Hunderttausende auf den Straßen. Auch Gegner der Einheit zogen durchs Zentrum, Auseinandersetzungen waren aber die Ausnahme.

Von Knut Pries

1 Nach einem ökumenischen Gottesdienst in der Berliner Marienkirche klangen die offiziellen Feierlichkeiten am Mittwochmittag mit einem Staatsakt in der Philharmonie aus. Wie andere Redner nannte die bisherige Volkskammer-Präsidentin Sabine Bergmann-Pohl den 3. Oktober den „glücklichsten Tag der Deutschen". Die aus der DDR in das neue Deutschland kommenden Menschen erwarteten „nicht das Land, wo Milch und Honig fließen, aber ein Land der Gerechtigkeit und des solidarischen Teilens". Bundespräsident Richard von Weizsäcker mahnte: „Sich zu vereinen, heißt teilen lernen."

2 Mit Unterstützung ihrer Nachbarn hätten die Deutschen den Auftrag des Grundgesetzes erfüllt, die Einheit in freier Selbstbestimmung zu vollenden, sagte Bundespräsident von Weizsäcker vor den 2000 Gästen in der Philharmonie. „Zum erstenmal bilden wir Deutschen keinen Streitpunkt auf der europäischen Tagesordnung... Der Tag ist gekommen, an dem zum erstenmal in der Geschichte das ganze Deutschland seinen dauerhaften Platz im Kreis der westlichen Demokratien findet." Unter dem Beifall des Auditoriums zollte der Präsident all jenen Dank, die geholfen hätten, die Teilung Deutschlands zu überwinden: der Sowjetunion und ihrem Präsidenten Michail Gorbatschow, den Trägern der Reformbewegungen in Ungarn, Polen und der Tschechoslowakei, den Westalliierten USA, Großbritannien und Frankreich, der Europäischen Gemeinschaft, vor allem aber „jenen Deutschen, die in der DDR den Mut aufbrachten, sich gegen Unterdrückung und Willkür zu erheben". Noch bleibe freilich zwischen Deutschen aus Ost und West viel Trennendes zu überwinden. „Dazu bedarf es nicht nur der Hilfe, sondern vor allem der Achtung."

3 Symbolisch war die Einheit um Mitternacht am Reichstag vollzogen worden. Zu den Klängen der Freiheitsglocke stieg die schwarz-rot-goldene Bundesflagge an einem 40 Meter hohen Mast vor dem Südflügel auf. Die kurzen Worte des Bundespräsidenten gingen im Lärm der Böllerschüsse fast unter: „Die Einheit Deutschlands ist vollendet. Wir sind uns unserer Verantwortung vor Gott und den Menschen bewußt." Unter den Lichtblitzen eines Feuerwerks, das auf der ganzen Festmeile bis zum Alexanderplatz zu sehen war, stimmte die Politprominenz anschließend in die Nationalhymne ein. Im Reichstagsgebäude tritt am Donnerstag der neue Bundestag mit seinen 144 Abgeordneten aus der am Dienstag aufgelösten Volkskammer zu seiner konstituierenden Sitzung zusammen.

4 Mit einer Rede Lothar de Maizières im Schauspielhaus am Akedemieplatz und Beethovens 9. Symphonie und Schillers „Ode an die Freude", gespielt vom Gewandhaus-Orchester Leipzig unter dem „Revolutionshelden wider Willen" Kurt Masur, verabschiedete sich die DDR offiziell aus der Gemeinschaft der Staaten. Der erste und letzte freigewählte Ministerpräsident nannte es „einen Abschied ohne Tränen". Die Deutschen aus Ost und West rief de Maizière zu mehr Verständnis füreinander auf. „Wir werden erst dann zu einer inneren Einheit finden, wenn wir bereit sind, die vielen Urteile aus Unkenntnis und Unwissenheit an der Wirklichkeit zu korrigieren." Bei allen verständlichen Sorgen und Ängsten dürfe man sich andererseits „die Gunst der Stunde nicht kleinreden lassen . . . Nicht was wir gestern waren, sondern was wir morgen gemeinsam sein wollen, vereint uns zum Staat."

5 Mit Appellen zur Solidarität wandten sich de Maizière und Bundeskanzler Helmut Kohl auch über das Fernsehen an die Bürger der Bundesrepublik, die mit den 16,4 Millionen Ostdeutschen künftig 78,7 Millionen Einwohner zählen wird. Das Staatsgebiet vergrößert sich um 108 333 auf 357 000 Quadratkilometer. Die „schwierige Wegstrecke", die vor dem Land liege, sei zu bewältigen, sagte Kohl. „Wenn wir zusammenhalten und auch zu Opfern bereit sind, haben wir alle Chancen auf einen gemeinsamen Erfolg." Auch die wirtschaftlichen Probleme seien lösbar. De Maizière warnte davor, die Vereinigung zu einer rein materiellen Frage zu degradieren. „Die Einheit will nicht nur bezahlt, sondern auch mit dem Herzen gewollt sein."

6 Den Auftakt zu den Feierlichkeiten hatte am Dienstagmorgen eine gemeinsame Sitzung des Westberliner Senats und des Ostberliner Magistrats gebildet. Anschließend fand die Oberhoheit der Alliierten über Berlin offiziell ihr Ende. Die drei westlichen Stadtkommandanten überreichten dem Regierenden Bürgermeister Walter Momper ein Schreiben, in dem sie ihre Vorbehaltsrechte für suspendiert und ihren Auftrag für erfüllt erklärten. Dem schloß Momper sich an: „Sie können mit Stolz melden, daß Ihnen der größte Sieg bei einem militärischen Einsatz gelungen ist: den Frieden zu wahren und die Freundschaft der Menschen zu erlangen."

7 Als einer der letzten Schritte vor der Einheit hatte sich am Nachmittag die Nationale Volksarmee aufgelöst. Seit Mittwoch unterstehen die nicht entlassenen Soldaten und Zivilangestellten Bundesverteidigungsminister Gerhard Stoltenberg.

8 Mit Freude, aber auch mit Furcht und Unbehagen ist die Vereinigung Deutschlands im Ausland aufgenommen worden. US-Präsident George Bush und der sowjetische Präsident Michail Gorbatschow gratulierten den Deutschen und sprachen von einem „großen Ereignis". Der israelische Parlamentspräsident Dov Schilanski bezeichnete den Tag der deutschen Einheit dagegen als „Tag der Trauer für das jüdische Volk". Bush sagte in Washington, die Jahre des Konflikts und der Konfrontation zwischen Ost und West seien nun vorbei. Gorbatschow schrieb, die Vereinigung Deutschlands, die sich im Einvernehmen mit den Nachbarn, mit anderen Staaten und Völkern vollzogen habe, sei ein großes Ereignis nicht nur für die Deutschen allein. Sie habe sich an der „Grenze von zwei Epochen" vollzogen. „Sie wurde zu einem Symbol, und wie ich hoffe, wird sie auch zum Faktor der Festigung der allgemeinen Friedensordnung."

■*Texte*■

Zeitung

7/Überblick

1 Die Sätze unter der Schlagzeile können jeweils als Zusammenfassung von 4 der 8 Abschnitte betrachtet werden. Welche der Abschnitte fassen sie jeweils zusammen?

2 Fassen Sie selbst die übrigen 4 Abschnitte unter einer geeigneten Überschrift zusammen.

3 In welche Abschnitte passen jeweils die Aussagen der Einleitung? (Vorsicht! Nicht alle Punkte der Einleitung tauchen im weiteren Text wieder auf.)

4 Welche Punkte werden in der Einleitung erwähnt, die nicht im weiteren Text vorkommen?

5 Schreiben Sie selber einen kurzen Abschnitt über diese fehlenden Punkte. Benutzen Sie dazu die Informationen, die Sie aus der *Sat. 1* Reportage haben.

8/Verständnisfragen

a Inland

1 Wer sind die folgenden Personen?
Sabine Bergmann-Pohl
Richard von Weizsäcker
Lothar de Maizière
Helmut Kohl
Walter Momper

2 Wer sagt was? Sammeln Sie alle Äußerungen, die in direkter oder indirekter Rede von den oben genannten Personen vorgebracht werden.

3 Sehen Sie sich die von Ihnen gefundenen Äußerungen an. Wer sagt etwas über die folgenden Punkte?

a die Notwendigkeit des Teilens

b die Notwendigkeit zu mehr Verständnis

c die Erwartungen der DDR-Bürger an das neue Deutschland

d Dank an alle, die zur Vereinigung beigetragen haben

e die Vereinigung als militärischer Sieg der Alliierten

f die gemeinsame Zukunft von Ost- und Westdeutschland

g die Notwendigkeit von Opfern

h die Verantwortung des gemeinsamen Deutschlands

i die Notwendigkeit zur gegenseitigen Achtung

4 In welchen Punkten gehen die im Zeitungsartikel erwähnten Äußerungen Richard von Weizsäckers über dessen Äußerungen in der *Sat. 1* Reportage hinaus?

5 Welche seiner Äußerungen in der Fernsehreportage werden nicht im Zeitungsartikel erwähnt?

6 In welchem Zusammenhang wird Gerhard Stoltenberg erwähnt?

b Ausland

1 Wie reagierte das Ausland auf die Vereinigung?
a USA   **b** Israel   **c** Sowjetunion

2 Wissen Sie, wie Ihr Land reagiert hat?

9/Feierlichkeiten

Wie wurde die Vereinigung gefeiert? Lesen Sie dazu besonders die Abschnitte 1 und 3.

10/Grammatikübung

a Ordnen Sie folgenden Verben, die im Text verwendet werden, die jeweils richtige Präposition zu. Finden Sie ihre Bedeutung heraus und bilden Sie dann eigene Sätze.

1 verzichten	2 erwarten
3 siegen	4 kommen
5 sich erheben	6 aufrufen
7 Verständnis haben	8 sich wenden
9 bereit sein	10 warnen
11 bezeichnen	

für	zu	vor	als	gegen	
aus	von	auf	an	zu	über

b Die folgenden Verben werden im Zeitungsartikel verwendet. Sehen Sie im Text nach, mit welchem Kasus sie stehen. Finden Sie ihre Bedeutung und bilden Sie dann eigene Sätze.

1 beitreten	2 Dank zollen
3 bedürfen	4 sich bewußt sein
5 sich anschließen	6 überreichen
7 unterstehen	8 gratulieren

■ *Transfer* ■

11/Gesprächsstoff

Wie wurde in den Fernsehnachrichten in Ihrem Land über die Vereinigung Deutschlands berichtet? Was für Bilder wurden gezeigt?

Der 9. November 1989 ist der Tag, an dem die Mauer fiel. Der 3. Oktober 1990 ist der Tag der deutschen Einheit. Wenn Sie an einem der beiden Tage in Berlin hätten sein können, welchen hätten Sie gewählt? Diskutieren Sie in einer Gruppe, und begründen Sie Ihre Wahl.

Auf dem Weg zu Ihrem/er Brieffreund/in fahren Sie über Berlin und erleben den Tag, an dem die Mauer fiel. Berichten Sie Ihrem/er Freund/in über Ihre Erlebnisse und die Stimmung dort. Ihr/e Freund/in wäre auch gern dabei gewesen und hat deshalb viele Fragen an Sie.

12/Schriftliche Übung

Einige Jahre nach dem Fall der Mauer besuchen Sie Ihren/e Brieffreund/in wieder und fahren auch diesmal über Berlin. Mit Enttäuschung stellen Sie fest, daß von der Euphorie des 9. Novembers nicht mehr viel zu spüren ist. Vielmehr im Gespräch sind jetzt die Probleme, die die Vereinigung mit sich gebracht hat. Sie beschließen deshalb, einen Artikel in der Schülerzeitung Ihres/er Brieffreundes/in zu schreiben, in dem Sie Ihre Eindrücke über das jetzige Zusammenleben im vereinten Deutschland schildern.

13/Rollenspiel

Dieses Jahr findet in Deutschland, wo man noch sehr unter dem Eindruck der deutschen Vereinigung steht, eine europäische Jugendkonferenz statt, an der mehrere Vertreter von Jugendorganisationen teilnehmen. Auf dieser Konferenz soll ein „Tag der europäischen Einheit" vorbereitet werden.

Phase 1

Sie sind alle Mitglieder verschiedener Jugendorganisationen. Diskutieren Sie, bevor Sie zu der Jugendkonferenz gehen, in Ihrer Organisation (mit anderen Worten in kleinen Gruppen), wie Sie einen „Tag der europäischen Einheit" gestalten würden.

Mögliche Fragen: Wo soll der Tag stattfinden? Wen wollen Sie einladen? Wer soll welche Rede halten? Welche Organisationen sollen teilnehmen? Wie soll im einzelnen gefeiert werden (Umzug, Feuerwerk, Musik, Tanz etc.)?

Wählen Sie einen/e Sprecher/in, der/die Ihre Vorschläge auf der Konferenz vorträgt.

Phase 2

Sie nehmen an der oben genannten Jugendkonferenz teil. Der/die jeweils von Ihnen gewählte Sprecher/in trägt die von Ihnen ausgearbeiteten Vorschläge vor. Diskutieren Sie anschließend im Plenum die jeweils genannten Vorschläge.

Phase 3

Bei der Diskussion im Plenum tauchen grundsätzlich unterschiedliche Ansichten darüber auf, was mit europäischer Einheit überhaupt gemeint ist. Mögliche Standpunkte könnten zum Beispiel sein:

– Eine zu schnelle Annäherung Europas könnte zu ähnlichen Schwierigkeiten führen wie bei der deutschen Vereinigung

– Befürwortung eines föderativen Systems, in dem sich das Europaparlament und die Parlamente der einzelnen Staaten verhalten wie Bund und Länder in Deutschland

– Europäische Union würde zu Identifikationsverlust der einzelnen Mitgliedstaaten führen.

– Eine Europäische Union sollte nicht nur aus westeuropäischen Ländern bestehen, sondern auch Osteuropa miteinbeziehen

Die oben genannten Punkte sind nur Vorschläge, die Ihnen helfen sollen, Ihre eigene Meinung zu finden. Machen Sie sich Gedanken über dieses Thema, und diskutieren Sie dann im Plenum, wie Sie sich persönlich die europäische Einheit vorstellen.

1 WM-Feiern

1/

1 Abkürzung für Weltmeisterschaft

2 überglücklich: weil sie die WM gewonnen haben
   abgekämpft: weil die WM anstrengend war

3 mit tosendem Beifall; sie singen und jubeln und
   empfangen die Weltmeister überschwenglich mit einem
   Meer von Fahnen

2/

a 1+ 2+ 3- 4+ 5+ 6- 7-

b Interview mit Fußballspielern

3/

1 30 000 Fans bei der Siegesfeier auf dem Römerberg
   1 000 Fans auf dem Flughafen

2 in einer Sondermaschine der Bundesluftwaffe

3 a, b, d

4 der Verkehr kam zum Erliegen

5 er war der Abschluß und Höhepunkt seiner einzigartigen
   Karriere

4/

1 Triumphzug 2 trieb 3 anzumerken 4 säumten

5 zum Erliegen 6 genoß 7 Bad, Menge

5/

1 Höhepunkt 2 Strapazen 3 abgekämpft 4 die Strecke
säumen 5 tosender Beifall 6 zum Erliegen bringen
7 einzigartig

8/

2 Sie nahmen ein Bad in der Menge.

4 a3 b4 c2

9/

1 a die Weltmeister werden von Journalisten aufgehalten;
      und die Bordbar muß neu aufgetankt werden

   b Andy Brehme gibt ein Interview

   c die Maschine hat Verspätung und dreht eine
      Ehrenrunde auf dem Rollfeld; Weltmeister u. andere
      steigen aus; Franz Beckenbauer wird interviewt

2 schwarz-rot-gold = Farben der deutschen Fahne

3 Hersteller von Flaggen, Fahnen, Schals, Pullovern u.
   Schminke

4 Andy Brehme: gibt Interview; Lothar (Lothar Matthäus):
   Pokal in der Hand; Littbarski (Pierre Littbarski): Fahne um
   den Leib; Rudi Völler: wird in Hessen besonders gefeiert

5 ob er überhaupt das Bett gesehen habe

10/

1b 2b 3a

11/

1 „Elfmeterschießen sei schön" - weil es die einzige Aussage
   ist, die sich auf Fußballspielen bezieht

2 als Wortspiel: Anspielung auf „Kaiser" Franz Beckenbauer

3 Weiterentwicklung des oben genannten Wortspieles:
   schönes Wetter wird manchmal als „Kaiserwetter"
   bezeichnet

13/

a 6 b 3 c 7 d 9 e 2 f 1 g 5 h 4 i 8

2 Abzug ausländischer Soldaten

1/

1 eine Stadt, in der Truppen stationiert sind

2 sozialer und wirtschaftlicher Art

3 daß die Franzosen sich beim Abzug Zeit lassen

2/

1d 2c 3a 4f 5i 6e 7h 8b 9g

3/

1 damit die sozialen Folgen für die Region abgefangen
   werden können

2 als die ersten Gerüchte über die Abzugspläne der
   Franzosen bekannt wurden

3 sie haben ein gutes Verhältnis zu den Franzosen und
   würden einen eventuellen Abzug der Franzosen als echten
   Verlust betrachten

4 6000 Einwohner; hinzu kommen 3000 französische
   Soldaten mit ihren Familien

5 9000

6 Kundschaft, Kaufkraft, internationales Flair

7 er würde gerne bleiben, aber wenn er abkommandiert
   wird, muß er gehen

8 daß die französischen Soldaten in die deutsch-französische
   Brigade integriert werden

4/

1 betroffen 2 abgefangen 3 Gerüchte, bekannt

4 Betriebe 5 abkommandiert 6 Freund-Feind-Denken

6/

a „zwar - aber": Reduktion der Erholungseinrichtungen
   <-> nicht alle Hotelanlagen sind davon betroffen
   „allerdings": Weiterführung der Freizeiteinrichtungen
   <-> Verzicht auf Fortbestand kleinerer Einrichtungen

b „außerdem": die Arbeitsplätze von 280 Zivilbeschäftigten
   würden gefährdet; „dazu kam": Befürchtung des „Hitler-
   Tourismus"

7/

1 Protest gegen Schließung amerikanischer Hotels

2 Entwarnung

3 Amerikaner benutzen Erholungseinrichtungen

4 Appell des Bürgermeisters

5 Nachricht vom Bleiben der Amerikaner

6 Absicht, die Einrichtungen an die US-Armee zurück-
   zugeben

7 Bestätigung der Rückgabe der Einrichtungen

8 Verzicht auf Fortbestand kleinerer Einrichtungen

9 Bericht des Bürgermeisters über neue Entwicklung

10 Bereitschaft der Amerikaner zur Beibehaltung des
    Urlaubsstützpunktes

8/

1 zuerst gab es Proteste gegen die befürchtete Schließung,
   und dann hieß es: die Amerikaner bleiben

2 die größeren Hotels sollen nicht geschlossen werden; auf kleinere Einrichtungen muß jedoch künftig verzichtet werden

3 man befürchtet wirtschaftliche Einbußen (Gefährdung von Arbeitsplätzen) und einen sog. Hitler-Tourismus

9/

1 grundsätzlich 2 beträchtlich 3 dazu 4 seit
5 allerdings

10/

1 . . . , daß die Amerikaner bleiben würden.

2 . . . , daß die 3 Hotels . . . nicht geschlossen (werden) würden, und das sei das Wichtigste für alle/sie.

3 . . . , daß der Göring-Hügel, das . . . und die . . . nicht in falsche Hände fallen dürften.

4 . . . , daß die Entscheidung im Heeresministerium in Washington gefallen sei.

5 . . . , sie seien sehr zufrieden.

12/

1f 2a 3d 4c 5g 6h 7e 8b

3 Pflegenotstand

1/

1 was: Mangel an Fachpflegekräften; warum: zu viel Arbeit, zu wenig Geld

2 eine chirurgische Universitätsklinik

3 Einführung eines allgemeinen sozialen Pflegejahres

2/

1F 2R 3R 4P 5F 6N

3/

1 10 Beatmungspatienten werden betreut, nur 8 Betten sollen belegt werden; der Stellenplan sieht 38 Fachpflegekräfte vor, nur 32 examinierte Pfleger stehen zur Verfügung.

2 wegen der verkürzten Dienstzeit

3 Billige, unmotivierte Arbeitskräfte können Fachpersonal nicht ersetzen.

4/

1 Ein Pfleger ist nur für ein Bett zuständig.

2 Ein Pfleger liegt/sitzt auf einem Bett.

5/

1 schwer schätzen	2 betreuen zu können
3 abgewiesen werden	4 stehen zur Verfügung
5 entlassen werden	6 Zusatzaufgabe
7 springen ab	8 berufsfremden Tätigkeiten
9 Fachpersonal ersetzen	

8/

1r 2f 3r 4f 5- 6f 7r 8-

9/

1 a Schwestern gehen weinend nach Hause
   b sie machen sich Vorwürfe
   c sie wandern in andere Berufe ab

3 250 000 Plegekräfte sind voll ausgebildet, arbeiten aber nicht mehr in ihrem Beruf

4 das Krankenhaus versucht durch einen Kurs, abgewanderte Krankenschwestern ins Krankenhaus zurückzuholen

5 Pfleger haben den gleichen Status wie die Ärzte u. die Verwaltung

10/

2 pflegefremde Tätigkeiten

3 zahlreiche Überstunden

4 mangelnde Bezahlung

5 . . . daß sich immer weniger Leute dafür interessieren, einen Pflegeberuf in Krankenhäusern zu erlernen

6 . . . daß ein wesentlicher Teil dieser ehemaligen Krankenschwestern in andere Ausbildungen u. Berufe abgewandert ist: . . . die aus ihrem Beruf ausgestiegen waren

7 . . . müßten einfach mehr Pflegekräfte eingestellt u. vor allem deutlich besser bezahlt werden können

11/

1 schildern 2 berichten 3 erzählen 4 anfügen
5 erklären 6 bezeichnen als 7 einräumen 8 betonen

12/

„Man ist von einem optimalen Betrieb noch weit entfernt. Um den zu erreichen, müßten einfach mehr Pflegekräfte eingestellt und vor allem deutlich besser bezahlt werden können. Was uns generell zu schaffen macht, ist der Umstand, daß durch die durchaus angebrachte Kritik leider der gesamte Beruf als nicht attraktiv angesehen wird, was vollkommen falsch ist: Kranke zu pflegen ist nämlich eine der schönsten Aufgaben.“

4 Ausbildung

1/

1 auf einem bayerischen Bauernhof

2 sie ist wettbewerbsorientiert

3 die modernen Geräte; das Organisationstalent der Deutschen

4 daß er in die eigene Tasche wirtschaften darf

2/

1 Sergeij verteilt Heu im Putenstall

2 Der Bauer erklärt Sergeij den Computer im Traktor

3 Sergeij und der Bauer prüfen zusammen das Getreide auf dem Feld

3/

1 26: russiche Praktikanten auf bayerischen Höfen
   300: Sergeijs Kolchose ist 300 km östlich von Moskau

2 er züchtet Puten

3 den Betriebsablauf eines Familienunternehmens; die Produktionsmethoden

4 daß die bayerischen Bauern weniger arbeiten und doch viel mehr erwirtschaften

5 die Weltgetreidevorräte sind am niedrigsten (das heißt, die Welt im ganzen muß sowieso mehr produzieren); auch in Rußland soll vernünftiger Landbau mit wenig Chemie betrieben werden

4/

a 1 erleben, kennenlernen, erfahren
   2 Federvieh
   3 erwirtschaften, Landwirtschaft, Marktwirtschaft
   4 Familienunternehmen, wettbewerbsorientierte Landwirtschaft, moderner Maschinenpark, mit Computern ausgerüstetes Gerät, einen eigenen Betrieb

aufbauen, in die eigene Tasche wirtschaften, weniger arbeiten und mehr erwirtschaften, Konkurrenz

b 1 geht in die Lehre
   2 der Jungbauer fühlt sich wohl
   3 lernt den Betriebsablauf eines Familienunternehmens und die Produktionsmethoden kennen
   4 hat es ihm gewaltig angetan
   5 soweit gediehen sind

5/

Berufsschule
verbindet Theorie u. Praxis
➤ das Arbeitsleben

Handelsschule
kaufmännische Laufbahn
➤ weiterführende Schulen

Wirtschaftsgymnasium
akademisch orientiert
➤ Universität

6/

1 in den vielen Anmeldungen
2 das Fach Betriebswirtschaftslehre an der Münchener Universität ist betroffen; es gibt einen Ansturm auf dieses Fach mit 7,6 Bewerber pro Platz

7/

1 a LMU: Ludwig-Maximilians-Universität
      BWL: Betriebswirtschaftslehre
      ZVS: Zentralstelle für die Vergabe von Studienplätzen
   b DDR: Deutsche Demokratische Republik
      CSU: Christlich Soziale Union
2 die Einführung des Numerus clausus
3 die Verantwortungslosigkeit der ZVS, die zum Wintersemester 1990/91 BWL aus dem Auswahlverfahren genommen hat
4 bundesweit: 2,6 Bewerber pro Platz; an der LMU: 7,6 Bewerber pro Platz
5 1850 Bewerber an der LMU; davon müssen 600 (also etwa ein Drittel) von der LMU aufgenommen werden
6 Lehrpersonal ist überlastet; Nachwuchs hat durch die Überlastung keine Zeit ‚sich wissenschaftlich zu profilieren‘ und wandert deshalb oft in die Industrie ab
7 die ehemalige DDR hat einen Nachholbedarf und braucht Dozenten im Fach BWL. Sie nimmt deshalb gern abwandernde Nachwuchsdozenten aus dem Westen auf und verschärft somit die Personalknappheit in den alten Bundesländern
8 Wiedereinführung des Auswahlverfahrens
9 Japanologie; an der LMU soll ein Lehrstuhl für Gegenwarts-Japanologie eingerichtet werden, um der wachsenden Bedeutung des asiatischen Raumes Rechnung zu tragen

8/

a 1 Dat, Nom
   2 Akk, Gen, Akk, Gen, Dat, Akk, Gen
   3 Dat, Nom, Akk
   4 Akk, Akk, Nom
   5 Dat, Nom, Dat, Akk
   6 Dat
   7 Dat, Gen
b 1 der, der

2 der, der, der
3 den, die, den
4 der, der

5 Die Bahn

1/

1 schnell, preiswert, umweltfreundlich
2 Bahn: auf Schienen
   LKWs: unnötige Abgase
3 die Deutsche Bundesbahn ist ein normales Wirtschaftsunternehmen und muß so billig wie möglich arbeiten; Speditionen sind billiger als die Bahn

2/

1 Transport von Koffern (auf Fließband, auf Gepäckwagen, auf Bahnsteig)
2 Verladen eines Fahrrads in einen LKW
3 Straßenkarte über Hamburg u. Umgebung
4 LKW auf der Straße
5 Werbeplakat mit Werbesprüchen
6 Interview mit Sprecher der Deutschen Bundesbahn

3/

1 das . . . der Reisegepäcktransport
2 Knotenpunkt: Reisegepäck wird auf Großbahnhöfen zentral umgeschlagen und dann auf kleinere Bahnhöfe verteilt
3 daß sie ihren Slogan, umweltfreundlich zu sein, mit der Benutzung von LKWs nicht in die Praxis umsetzt
4 es verlangt, daß die DB wie ein Wirtschaftsunternehmen geführt wird
5 seinen Koffer mit ins Abteil nehmen

4/

1 billig, preiswert
2 umweltfreundlich, umweltschonend

5/

1 pendelt   2 zuständig   3 verlangt

6/

1 Umsetzen in die Praxis   2 übernommen
3 spricht dagegen   4 behaupten   5 erbringen
6 geführt

7/

a trennbar: umsetzen, umschlagen, abholen, ausliefern,
b 1 um f. 2 um e. 3 zur a. 4 gegen c. 5 am g. 6 für b.
   7 von d.

8/

1 LKWs oder LKW - Container werden mit dem Zug transportiert = Kombination von Straße u. Schiene
2 in den Bereichen der Umwelt u. des Geschäfts
3 durch die hohen Geschwindigkeiten der Züge u. den Transport ohne Unterbrechung sind die Güter schneller am Zielort
4 verkürzte Zeit verbessert die Wettbewerbsposition

9/

1 Einleitung   2.1   3.2   4.2   5.3

10/

1r   2r   3f   4r   5f   6f

11/

1 bisherige Güterzüge wurden auf Knotenbahnhöfen auseinandergerissen; InterCargoExpreß-Züge haben im Nachtsprung freie Fahrt und gelangen ohne Unterbrechung zum Zielort

2 Bahn holt verschwendete Zeit auf der Fernstrecke wieder auf

3 die Bahn will durch das neue Konzept ihre Wettbewerbsposition verbessern

4 gezielte Investitionen u. enge Zusammenarbeit mit der Industrie

5 in der Farbe

12/

1 *laut* Bundesbahn; *nach den Worten* des DB-Vorstandsvorsitzenden

13/

1 setzen große Hoffnung auf

2 gelangen zum

3 Zusammenarbeit; erforderlich

4 befördern

14/

a 1d werden verbunden   5a werden verzeichnet
   2f werden genutzt   6g werden erzielt
   3c wird aufgeholt   7b werden befördert
   4e wird verplempert

b 1 Transportzeiten von 2 Stunden lassen sich dadurch gewinnen.
   2 Ladenschlußzeiten nach 20 Uhr lassen sich nutzen.
   3 Die Waggons lassen sich sofort unterscheiden und einzeln bestimmen.
   4 Sattelanhänger mit einer Länge bis zu 13,60 m lassen sich befördern.

6 Der wachsende Müllberg

1/

1 a ein Großteil der Verpackung ist für den Kunden entbehrlich
  b das Drumherum (also die Verpackung) gehört zum Marketing

2 Flaschen, die nur einmal verwendet werden

3 Pfandflaschen

4 er hätte an einem Verbot schwer zu schlucken

2/

1 In einem Supermarkt: Der Einkaufswagen ist voller Plastiktüten, die der Kunde statt einer Tasche benutzt.

2 Vor einem Müllcontainer: Der Einkaufswagen ist voller Plastikplanen, die der Händler in den Müllcontainer werfen will.

3 Vor einem Flaschencontainer: Der Einkaufswagen ist voller Glasflaschen, die eine Kundin zum Recycling in den Flaschencontainer wirft.

3/

1f 2r 3r 4f

4/

1 Fachmesse der Verpackungsindustrie

2 zu viel Verpackung läßt den Müllberg schneller wachsen

3 die Verpackung gehört zum Marketing

4 der Verbraucher darf die Verpackung beim Händler lassen

5 Pfandflaschen werden wiederverwendet und sind somit

nicht mehr neu; ein teures Getränk läßt sich nicht in einer abgenutzten Flasche verkaufen

6 weil das Geschäft dadurch stagnieren würde und schwer wieder in Gang zu bringen wäre

5/

1 in Verruf   6 gang und gäbe
2 ruck-zuck   7 ansieht
3 entbehrlich; lästig 8 auf den ersten Blick
4 Drumherum   9 ins Stocken gerät; in
5 zusehen   Gang zu bringen

6/

1c 2d 3f 4g 5a 6e 7b

8/

1 durch Mülltrennung

2 Papier, Metall, Glas, Knopf- u. andere Batterien, Hausmüll

3 er bringt ihn zu einem der 22 Mülltonnenhäuser, in denen die verschiedenen Container untergebracht sind

4 dort fanden Modellversuche zur Mülltrennung statt

5 Mülltrennung spart Geld und kann somit die Erhöhung der Müllverbrennungskosten auffangen

6 ein finanzieller Anreiz: man zahlt nach Müllgewicht

9/

1a 2b 3a 4b

10/

1 Umweltausschuß, Regensburger Stadtrat, Müll-Arbeitsgruppe, Stadtverwaltung, Oberbürgermeisterin Christa Müller, Hans Klofat (Rechtsdezernent und Müllfachmann)

2 Besucher des Bürgerfestes, caritative Organisationen und Initiativen, Müllfahrer, Stadtverwaltung, Organisatoren von Veranstaltungen und Festen

3 um Abfall einzusparen

4 Schreckschuß, der die Regensburger Bürger wachrütteln sollte

11/

1 a Müllfachmann   b Gebrauch
  c beschließen   d Wegwerfgeschirr
  e verbieten   f senken
  g Forderungen erheben h eine Reihe von
  i umgehend   j einstellen

2 a Müllerzeugung   b veranstalten
  c erlauben   d erhöhen
  e ablehnen

3

	verboten	gefördert
a Bürgerfest	Wegwerfgeschirr Kunststoffbecher	Bierkrüge Porzellangeschirr Servietten
b Regensburg	Abholung v. Sperrmüll Abfälle außerhalb der Mülltonnen mitnehmen	Altglas- u. Altpapiercontainer Recyclinganlagen Vermeidung v. Müll Erfassung v. Wertstoffen

12/

1 dem Notstand, der in der Oberpfalz herrscht
2 das Bürgerfest, das nur alle 2 Jahre stattfindet
3 den Abfall, der dabei anfällt und auf 50 Tonnen geschätzt wird
4 die Arbeitsgruppe, die von Christa Meier eingesetzt wurde
5 die Menge des Mülls, der zu erwarten ist
6 die Zahl der Altglas- und Altpapiercontainer, die im Stadtgebiet aufgestellt wurden

13/

1c wird abgesagt
2e werden erhoben
3f werden erwartet
4g werden aufgestellt
5b wird beauftragt
6a werden gelagert
7d wird eingestellt

7 Wohnungsnot

1/

1 sie ist zu klein und auch zu teuer
2 ein zweites Kind wird bald zur Welt kommen
3 schlafen
4 um den Kindern keinen Wohnraum wegzunehmen

2/

1 Benkali: Schlafzimmer, Wohnzimmer; Koppe: Wohnzimmer, Eßecke, Schlafzimmer der Kinder

3/

1 er will bis 1992 eine Million neuer Wohnungen bauen
2 Benkali: 3 (bald 4) Personen; 48 Quadratmeter
  Koppe: 9 Personen; 90 Quadratmeter
3 wegen Zuwanderung vieler Aussiedler, Übersiedler und Asylbewerber
4 weil diejenigen DDR-Bürger, die früher gekommen sind, noch in unzulänglichen Übergangseinrichtungen leben, so daß man für sie richtige Wohnungen finden muß
5 Aussiedler, Übersiedler, Asylbewerber, Familien
6 der Vermieter spielt oft nicht mit

4/

1 Einnahmen: Wohngeld, Verdienst, Sozialhilfe, Arbeitslosengeld, Kindergeld
  Ausgaben: Miete, Strom, Telefon
2 Verdienst: 1600 DM;
  Miete, Strom und Telefon zusammen: 1000 DM

5/

1 die Anzahl der neuen Wohnungen, die gebaut werden sollen
3 der Vermieter hat das letzte Wort und vermietet oft nicht an große Familien

6/

1 anschauen: sich umsehen; Geduld haben: sich gedulden; besser werden: sich verbessern
2 a wohnberechtigt sein
  b eine Wohnung steht ihnen zu
3 Wohnung, Wohnungsnot, Wohngeld, Wohnungsmarkt, Wohnungsamt, wohnberechtigt, Wohnzimmer

7/

1 Kündigung

2 Fortsetzung des Mietverhältnisses
3 Räumungsfrist
4 Mietpreiserhöhung
5 Nutzungsentschädigung

8/

1 Der Mieterverein fordert einen wirksamen Kündigungs- und Mietpreisschutz.
2 Die Vermieterin verlangte einen doppelten Mietpreis.
3 Das Ehepaar weigerte sich, mehr als das gesetzlich zulässige Maß zu bezahlen.
4 Das Gericht ließ nur eine Räumungsfrist von höchstens einem Jahr zu.
5 Die Mieter erhielten ein Schreiben ihrer Vermieterin.

9/

1 Das Gesetz erlaubt jedoch lediglich Mieterhöhungen von 30 Prozent innerhalb von drei Jahren.
2 . . . durch die 35jährige Verwurzelung.
3 Das Gericht ließ nur eine Räumungsfrist von höchstens einem Jahr zu./ Gericht gewährte 70jährigem Ehepaar nur einjährige Räumungsfrist.
4 Gegen dieses Urteil werde das Ehepaar in Berufung gehen.

10/

1 sie wurden in Eigentumswohnungen umgewandelt
2 wegen Eigenbedarfs
3 der Mieterverein-Vorsitzende
4 einjährige Räumungsfrist
5 das Ehepaar will in Berufung gehen
6 das 70jährige Ehepaar (die Mieter), Mieterverein, Vermieterin und deren Anwalt, das Gericht

12/

1 ein negativer; durch die Überschrift „die knappen Sozialwohnungen", das heißt, es gibt zu wenige
2 von je 100 Mietwohnungen
3 88%
4 a 19%
  b weil die Zahl nur geschätzt ist
5 Der Anteil an Sozialwohnungen ist in den Jahren von 1978 bis 1990 um elf Prozent zurückgegangen, das heißt, der Trend ist fallend.
6 alte Bundesländer

8 Phantom der Oper

1/

1 in eine junge Opernsängerin
2 ihre Liebe
3 die junge Opernsängerin kommt frei und findet ihren wahren Liebhaber
4 vor vier Jahren
5 weil die Bürger keine Kulturschickeria dort haben wollten
6 den Namen „Flora"

3/

1 4: seit 4 Jahren ist das Musical in London ein Erfolg
  10: die Produzenten hoffen, daß das Musical 10 Jahre lang in Hamburg Erfolg haben wird
2 die Form eines Schiffsbugs
3 in Tag-und-Nacht-Arbeit
4 in ihrem Wohnviertel
5 was: ein Film; wann: im Januar

6 Kristallüster, künstliche Kerzen, Nebelschwaden

4/

1 Webber hat gute Aktien
2 Welturaufführung
3 sich mit klingender Münze einnistet
4 seitdem ist das Monster nicht totzukriegen
5 das Monster beschert der Opernsängerin die ersehnte Karriere
6 bis auf den letzten Drücker
7 er hat sich in Hamburg durchgesetzt
8 im Januar soll es losgehen

5/

1 das Musical ist von gespenstischem Erfolg begleitet
2 das Monster trieb seinen Spuk in den Kellern der Pariser Oper
3 die Opernsängerin muß dem Monster für ihre Karriere ihre Liebe schenken
4 in Tag-und-Nacht-Arbeit wurde ein neues Theater gebaut
5 das neue Theater hat die Form eines Schiffbugs
6 der Produzent und sein Musical wurden aus dem Wohnviertel vertrieben
7 die Leute wollen keine Kulturschickeria in ihrem Wohnviertel
8 bei der Probe gab es nicht alles, was es bei der Premiere gab

6/

Spuk treiben; Premiere verhindern; gute Aktien haben; Liebe schenken; Phantom vertreiben

7/

es nistet sich mit klingender Münze ein
er steckt hinter der Maske
es gibt bei der Premiere . . .
er glaubt an den deutschen Erfolg
er erinnert an das Varieté-Theater
es verliebt sich in eine Opernsängerin
es ist von gespenstischem Erfolg begleitet

8/

1 man erwartet eine Sensationsgeschichte über gewalttätige Demonstrationen
2 die Information über die eigentliche Theateraufführung
3 Abschitte 3 u. 4: Darstellung des Problems; Abschnitte 5, 6 u. 7: Maßnahmen der Polizei und Beschreibung der Demonstration
4 die Schwierigkeiten des Produzenten, das Musical in dem Hamburger Wohnviertel auf die Bühne zu bringen
5 er nimmt das vorläufige Ergebnis der im weiteren Zeitungstext beschriebenen Demonstration vorweg

9/

1 Polizei: nimmt Randalierer fest; geht mit Wasserwerfern u. Schlagstöcken gegen die Demonstranten vor; sperrt die Kreuzung für den Verkehr; räumt den Platz; regelt das Stadtviertel u. wichtige Zufahrtsstraßen hermetisch ab Demonstranten: beschimpfen u. bespucken Premierengäste; bewerfen sie mit Farbbeuteln u. Eiern; werfen Steine, Flaschen u. Dosen; zünden Barrikaden an; ein Demonstrant zieht einen Premierengast am Arm die Stufen hinunter; ein Demonstrant schlägt eine Frau u. reißt ihr die Perücke vom Kopf; sie pöbeln die Premierengäste an; sie sitzen vor dem Theatereingang
2 Zerstörung der Strukturen des gewachsenen alten

Hamburger Stadtteils; Lärm u. Verkehrsprobleme; finanzielle Aufwertung der umliegenden Wohnviertel, in denen viele junge Menschen u. Einkommensschwache leben
3 die Sperrung des Stadtviertels führte zu einem Verkehrschaos; Taxis mit Premierengästen blieben stecken; Premierenbesucher, die zu Fuß unterwegs waren, mußten bis zu vier Polizeisperren passieren
4 sie waren empört

10/

1 heftig umstritten
2 seine Pläne scheiterten
3 Einkommensschwache
4 ohnmächtig
5 Zufahrtsstraßen
6 mit 40-minütiger Verzögerung
7 festlich herausgeputzt
8 Randale machen

12/

Reihenfolge: 1, 8, 5, 3, 7, 4, 2, 6

9 Passionsspiele

1/

1 die Passionsspiele finden alle 10 Jahre statt; der Rechtsstreit dauerte 10 Jahre
2 sie müssen unverheiratet und unter 35 Jahre alt sein
3 sie gingen vors Verwaltungsgericht

2/

a 1 anno 1634
  2 das Passionsspielhaus
  3 für die Klägerinnen; die drei Klägerinnen und ihr Anwalt lachen im Gerichtssaal
b 1+ 2- 3- 4+ 5+ 6-

3/

1 alle Frauen dürfen sich bewerben
2 der Richterspruch
3 daß ein Jesus 33 Jahre alt sein durfte, dessen Mutter jedoch gerade erst der Pubertät entwachsen sein durfte
4 auf die Verfassung, in der etwas über Gleichberechtigung und Schutz der Ehe steht
5 die Tatsache, daß die drei Frauen auf die Bühne dürfen
6 er fand die alte Tradition schon immer ungerecht

4/

1 fegte vom Tisch 2 versagt 3 Mannsbilder; der Richterspruch; bajuwarische 4 verloren 5 sahen . . . ein; der Pubertät entwachsen sein

5/

1 Verwaltungsgerichtshof, Richterspruch, Verordnung, Rechtsstreit, Verfassung, Gleichberechtigung
2 Geschmähte: Leute, die man ungerecht behandelt (hat), in diesem Fall Frauen; Einheimische: in diesem Fall die Leute, die in Oberammergau wohnen

6/

1 der zweite Teil
2 der dritte Abschnitt des dritten Teils
3 welcher: der Text der Passionsspiele; warum: weil Kritik an angeblich antisemitischen Passagen geübt wurde
4 die Eintrittskarten für die Passionsspiele

5 erster Abschnitt: Eröffnung der Passionsspiele von
   Millionenbetrug überschattet
   zweiter Abschnitt: Ehrengäste bei der Premiere

7/

1 39: die Passionsspiele werden zum 39sten Mal aufgeführt
   95: Aufführungen finden in der diesjährigen Spielzeit statt
2 a ist vermutlich in die Betrugsaffäre verwickelt
   b hat die Staatsanwaltschaft eingeschaltet
   c er ist der Erzbischof von München und Freising und
     zelebrierte zum Beginn der Passionsspiele einen Gottes-
     dienst
   d er ist einer der Ehrengäste bei der Premiere der
     Passionsspiele
3 weil der Alleinvertrieb der Passionsspielkarten beim
   Oberammergauer Verkehrs- und Reisebüro liegt
4 die zuständige Staatsanwaltschaft hat die Ermittlung zu
   dem mutmaßlichen Millionenbetrug aufgenommen
5 eine zusätzliche Vorstellung an jedem spielfreien Donnerstag einzuschieben
6 die Reisebüros haben sich leichtfertig und ohne vorherige
   Information auf die Millionenzahlungen eingelassen; das
   Festspielkomitee will sich nicht erpressen lassen; das
   Festspielkomitee befürchtet, daß bei den nächsten
   Passionsspielen ähnliche Probleme auftauchen könnten
7 50% der Gäste kommen aus Amerika; und jüdische
   Organisationen aus Amerika hatten den Text der Spiele
   als antisemitisch kritisiert
8 auf ein Gelübde im Jahre 1633, die Leidensgeschichte Jesu
   Christi alle 10 Jahre aufzuführen, damit die damalige
   Pestnot mit Gottes Hilfe aufhören würde
9 die Regelung, daß alle Mitwirkenden an den Passionsspielen
   in der Gemeinde geboren sein oder mindestens 20 Jahre
   lang dort Ihren Hauptwohnsitz haben müssen

8/

Zu den 39. Oberammergauer Passionsspielen werden dieses
Jahr eine halbe Million Menschen erwartet. Am Vorabend
der Eröffnung wurde vom Erzbischof von München und
Freising ein Gottesdienst zelebriert. Leider wurden die
Passionsspiele von einem mutmaßlichen Betrug überschattet.
20 000 ungültige Eintrittskarten waren von einem
ortsansässigen Hotel an zwei englische Reisebüros verkauft
worden. Die Staatsanwaltschaft ist inzwischen von der
Gemeinde eingeschaltet worden, und die Ermittlungen zu
dem mutmaßlichen Millionenbetrug sind bereits
aufgenommen worden. Eine Forderung der britischen
Veranstalter, eine zusätzliche Vorstellung einzuschieben,
wurde vom Festspielkomitee abgelehnt.

10 Weltraumzentrum Oberpfaffenhofen

1/

1 eine Expansion des Weltraumzentrums
2 a deutsche Astronauten ins All schicken und die Raum-
     fahrtmission steuern
   b testen, wie man z.B. Satelliten stabil in ihrer Umlaufbahn
     halten kann
3 der Robotertechnologie

2/

a 3
b 1f/g 2a 3e 4b 5d 6h 7c 8f/g

3/

1 ein deutsches Raumlabor mit 2 oder 3 Astronauten kann
   ins All geschickt werden.
2 die neuen Betriebszentren kosten ca. 100 Millionen Mark
3 von dortaus wird die zweite deutsche Raumfahrtmission
   gesteuert
4 Andocken eines Raumfahrzeuges an ein anderes wird
   getestet; Roboter im All werden getestet; es wird
   ausprobiert, wie man Satelliten stabil in ihrer Umlaufbahn
   halten kann
5 Raumfahrt ohne Menschen im All ist billiger und sicherer

4/

1 Voraussetzungen, geschaffen
2 geht zu Ende
3 bedeutendere Vorhaben, bedeutendere Räumlichkeiten
4 im All
5 neuesten Erkenntnissen
6 Umlaufbahn

5/

1c/f 2a/h 3d/e 4h 5d 6b

7/

1 um die Atmosphäre im Kontrollraum der Raumfahrt-
   Versuchsanstalt Oberpfaffenhofen
2 a beide werden von der DLR gesteuert und kontrolliert
   b Kontrollraum: ja, Atmosphäre: nein
3 a Abschnitte 1, 2, 3, 6 und 7
   b Abschnitte 4 und 5

8/

1 ein „station-keeping"- Manöver
2 eine
3 George Hiendlmeier: Operations Mission Director
   Otto Schmeller: Mission Manager; Abteilungpräsident
   im Fernmeldetechnischen Zentralamt der Bundespost,
   Auftraggeber
4 Datenübertragungen
5 Videokonferenzen, Ferndrucken von Zeitungen und
   unzählige Rechnerverbindungen
   zusätzliche Fernsehprogramme
   Sicherung von Telefonleitungen nach West-Berlin
6 man kann mit kleineren Antennen als bisher arbeiten
7 die Sonnenzellen, die nach 10 Jahren nicht mehr genug
   Strom liefern
8 der Satellit soll beschleunigt werden, um ihn ein Stück
   weiter nach Osten zu rücken
9 a links: welche Station gerade mit dem Datenempfang
     und der Kommandogebung betraut ist
     rechts: die Position des Satelliten
   b eine Reihe von Kommandos
   c 1. Reihe: die Missionsverantwortlichen
     2. Reihe: Kommandooperateure
     3. Reihe: die Zuständigen für die Subsysteme des Satelliten

9/

1 Auf der linken Leinwand wird gezeigt, welche . . .
2 Ferner wird das bestehende System . . . durch die . . .
   Telefonleitungen abgesichert
3 Bisher wurden nur internationale Satelliten von der Post
   benutzt
4 Große Dinge sollen auch durch den neuen Kopernikus
   geleistet werden

5 So soll eine neue Ära bei ... eingeläutet werden
6 Ein Netz von 30 Stationen ist über die BRD verteilt
  worden

10/

1 Routinechecks	2 Orbit
3 Mission Manager	4 Ära
5 InterCom System	6 directive executed successfully

11/

1 Video | Konferenzen
2 Kontroll | Bildschirm
3 Daten | Empfang | Zentrale
4 Kommando | Gebung
5 Boden | Station
6 Auftrag | Geber
7 Rechner | Verbindungen
8 Sport | Platz | Reportagen

11 Reisen und Urlaub

1/

1 Nordrhein-Westfalen hat die meisten Einwohner
2 a Staus
  b Warteschlangen
3 weil viele Leute sich erst im letzten Moment entscheiden

2/

1 Nachrichtensprecherin: 45 000 Passagiere auf dem
  Düsseldorfer Flughafen; Reporterin: 43 000 Passagiere
2 zu Verspätungen
3 es ist billiger, als wenn man im voraus bucht

3/

1 Reisewelle
2 machten sich auf
3 Hochbetrieb
4 Tagesordnung
5 Renner

4/

1 sie hat sich um 1 Meter abgesenkt und droht, in den Fluß
  zu stürzen
2 Staatsstraße und Eisenbahnstrecke
3 a LKWs werden an der Grenze nicht mehr abgefertigt
  b der übrige Verkehr wird umgeleitet

5/

1 sie ist die wichtigste Autobahnverbindung nach Italien
2 nein
3 sie wurde 1969 eingeweiht
4 durch anhaltende Regenfälle
5 a nichts; es gibt keine Ausweichempfehlungen
  b eine Pause einzulegen und erst am frühen Freitag
    morgen weiterzufahren

6/

1 war aufgefallen
2 Autobahnüberführung
3 ausgeschlossen
4 Wartezeiten
5 Ausweichempfehlungen

7/

1 weil es nicht besonders warm ist

2 man ist besonders kritisch und leichter schnell verschnupft
3 man sieht über einiges hinweg

8/

1 16: Temperatur im Wasser
  19: Temperatur in der Luft
  35: Wasser- und Lufttemperatur addiert
2 Frau 1: die Sonne muß nicht immer scheinen
  Frau 2: man kann trotz des Wetters allerhand machen
  Frau 3: man kann auch bei Regen durch die Gegend
  fahren; es gibt genügend anzugucken
3 Ausstattung der Zimmer, Qualität des Essens und des
  Veranstaltungsangebots
4 Alkohol, weil man bei schlechtem Wetter nichts anderes
  machen kann, als mit einer Flasche Bier vor dem
  Fernseher zu sitzen.

9/

1 Spannung, Aufregung
2 macht es sich gemütlich
3 sieht hinweg
4 Überwiegende

11/

1.4 2.2 3.6 4.1 5.1+3 6.5 7.3+4 8.3 9.5 10.2 11.1+5

12/

1 a Gegenwart: Inntalautobahn ist gesperrt
  b Vergangenheit: Neigung des Brückenpfeilers
  c Zukunft: Beginn der Ferienreisewelle; Brücke bleibt ein
    halbes Jahr lang gesperrt; mögliche Sprengung
2 die Bundesstraße soll nicht, wie vorgesehen, am 26. Juli
  für den Verkehr freigegeben werden; befürchtete
  Katastrophe am Wochenende

13/

a 1 Erdbeben; anhaltende Regenfälle
  2 (Erdbeben) dafür: mehrere Leute haben ein Erdbeben
    wahrgenommen; dagegen: Meßinstrumente haben keine
    Erdbewegung registriert
    (Regenfälle) dafür: nichts; dagegen: es hat in letzter
    Zeit keine außergewöhnlichen Regenfälle gegeben
  3 *Sat. 1*: anhaltende Regenfälle sind vermutlich die
    Ursache; Zeitung: Regenfälle können nicht die Ursache
    sein, weil es nicht genügend geregnet hat

14/

1 LKW- Fahrer sollen sie benutzen, PKW-Fahrer nicht
2 bei Ulm und Kempten
3 Reisenden aus Richtung Stuttgart und Gespann-Fahrern

12 Tag der deutschen Einheit

1/

1 Wo: Beliner Philharmonie
  Wer: politische Prominenz
  Was: feierlicher Staatsakt, Bachkantate, Rede
2 Wo: vor dem Reichstag, im Tiergarten, Unter den Linden
  Wer: die Bevölkerung
  Was: spazierengehen, sich an Würstchenbuden u. anderen
  Ständen erfrischen
3 Wo: auf der Straße
  Wer: Mitglieder der autonomen Szene
  Was: sie demonstrierten gegen die Vereinigung

3/

a 1 siehe Transkript

2 Bundetagspräsidentin Rita Süssmuth u. Ex-Volkskammer-
   Präsidentin Sabine Bergmann-Pohl

3 die Schrecken der national-sozialistischen Vergangenheit

4 auf die „Ode an die Freude" von Friedrich Schiller
   („Freude schöner Götterfunken"), letzter Teil der neunten
   Symphonie von Beethoven

b 1 Mitglieder der autonomen Szene; sie demonstrierten
   gegen die Vereinigung

2 weil Ausschreitungen befürchtet wurden; die Polizei
   mußte elf Demonstranten festnehmen

3 Motto: Deutschland halt's Maul, es reicht; Schlachtruf:
   Aufruhr, Widerstand, wir scheißen auf das Vaterland

c erstes deutsches Einheitskind kommt zur Welt; es heißt
   Birgit Biemann, wiegt 2859 Gramm, ist 48 Zentimeter
   groß und bekommt einen bundesdeutschen Paß

4/

1e 2h 3n 4m 5l 6k 7f 8a 9o 10g 11i 12j
13d 14b 15c

5/

1 Auftakt 2 auszumachen 3 lag es schlicht daran
4 unbestritten 5 vorenthalten 6 Kind und Kegel; war
angesagt 7 Ausschreitungen

7/

1 Abschnitte 4, 1, 6, 8

3 Satz 1: 3
   Satz 2: 3+4
   Satz 3: 2
   Satz 4: 6
   Satz 5: 8
   Satz 6: –
   Satz 7: –

4 Volksfeste in Berlin und im übrigen Land; Auseinandersetzungen mit Gegnern der Einheit

8/

a 1 Sabine Bergmann-Pohl: bisherige Volkskammer-
      Präsidentin
      Richard von Weizsäcker: Bundespräsident
      Lothar de Maizière: der erste u. letzte freigewählte
      Ministerpräsident der DDR
      Helmut Kohl: Bundeskanzler
      Walter Momper: Regierender Bürgermeister von Berlin

3 a von Weizsäcker
   b de Maizière
   c Bergmann-Pohl
   d von Weizsäcker
   e Momper
   f de Maizière
   g Kohl
   h von Weizsäcker
   i von Weizsäcker

4 sich zu vereinen, heißt teilen lernen; Auftrag des
   Grundgesetzes erfüllt; Dank an alle, die zur Vereinigung
   beigetragen haben; es gibt noch viel Trennendes zu
   überwinden, wozu es der Hilfe und der Achtung bedarf;
   Verantwortung vor Gott und den Menschen

5 Vereinigung ist keine bloße Erweiterung der BRD;
   Grenzen Deutschlands sollen Brücken zu den Nachbarn
   werden; die Geschichte gibt den Deutschen eine Chance;
   die empfundene Freude ist ein Götterfunke

6 er ist der bundesdeutsche Verteidigungsminister, dem
   jetzt auch die Soldaten der ehemaligen Volksarmee
   unterstehen

b USA: gratulieren den Deutschen; Israel: bezeichnet den
   Tag der deutschen Einheit als Tag der Trauer für das
   jüdische Volk; Sowjetunion: bezeichnet die Vereinigung
   als Symbol u. Faktor der Festigung der allgemeinen
   Friedensordnung

9/

ökumenischer Gottesdienst, Reden, Läuten der Freiheitsglocke,
Hissen der Bundesflagge, Böllerschüsse, Feuerwerk, Nationalhymne

10/

a
1 auf 2 von 3 über 4 aus 5 gegen 6 zu 7 für 8 an
9 zu 10 vor 11 als
b
1 Dat 2 Dat 3 Gen 4 Gen 5 Dat 6 Dat + Akk
7 Dat 8 Dat

Die fettgedruckten Wörter und Ausdrücke im Transkript entsprechen den Worteinblendungen in den Einführungsberichten des Videos.

1 WM-Feiern *(4 mins) 00.30*

Einführungsbericht

Guten Tag, liebe Zuschauer. In dieser ersten Reportage sehen wir die deutsche Fußballnationalmannschaft, die nach ihrem WM-Sieg, also ihrem Sieg in der Fußballweltmeisterschaft, in einem Sonderflugzeug nach Deutschland zurückfliegt.

Die Fans singen und jubeln und empfangen die Weltmeister **überschwenglich** mit einem Meer von Fahnen. Die Spieler sind überglücklich, aber wirken etwas **abgekämpft**, also erschöpft, denn der Weg zur dritten Weltmeisterschaft war nicht ohne **Strapazen**, also nicht ohne Anstrengungen. Sie haben auch die ganze Nacht durchgefeiert, haben getanzt und viel Stimmung gemacht. Bald haben sie aber keine Energie mehr fürs Feiern, und die meisten brauchen erst mal Urlaub.

Aber zuerst geht es in einem Autokorso Richtung Stadtzentrum mit Tausenden von Fans auf der Strecke. Überall gibt es tosenden **Beifall**, also großen Applaus. Der Verkehr **kommt zum Erliegen**, mit anderen Worten, er kommt zum Stillstand. Teamchef und Kaiser Franz Beckenbauer genießt die **Ovationen**. Für ihn ist die gewonnene WM der Höhepunkt seiner **einzigartigen** Karriere. Dann endlich zeigen sich die Fußballstars.

Sat.1 Reportage

Sprecherin: Guten Abend, liebe Zuschauer, bei den Sat.1 Nachrichten am Tag danach.

Sprecher: Ja, und am Tag danach vor rund 3 Stunden landeten sie in Frankfurt, sozusagen von Rom direkt auf den Römerberg. Die Weltmeister sind da, Kollege Friedhelm Kratz auch.

Bericht: 30 000 Fans feierten die Fußballweltmeister 1990 überschwenglich. Die Siegesfeier auf dem Frankfurter Römerberg wurde zu einem Triumphzug für die bundesdeutsche Nationalmannschaft. Frenetische Jubelgesänge und ein Fahnenmeer trieben die Stimmung auf den Höhepunkt.

Etwa 2 Stunden vorher war die Sondermaschine der Bundesluftwaffe aus Rom kommend auf dem Frankfurter Rhein-Main-Flughafen gelandet, 75 Minuten später als geplant. Bereits hier hatten etwa 1000 Fans die Nationalelf begrüßt. Die Strapazen auf dem Weg zur dritten Weltmeisterschaft für die Bundesrepublik waren den meisten anzumerken: sie wirkten abgekämpft, aber überglücklich.

Guido Buchwald: Ich glaub', wir haben alle die WM (Weltmeisterschaft) gewonnen, und das ist einfach ein Supergefühl, und die richtige Freude kommt glaub' erst in ein/zwei Wochen richtig auf, daß man erst mal richtig gemerkt hat, was man wirklich erreicht hat.

Interviewer: Wie geht's jetzt weiter bei Ihnen? Fahren Sie in Urlaub?

Guido Buchwald: Jetzt erst mal Urlaub, ja, mit der Familie und ein bißchen relaxen.

Pierre Littbarski: Wir haben natürlich die ganze Nacht durchgefeiert, das ist ganz klar; da wollt' keiner ins Bett gehen. Wir haben – einige Spielerfrauen waren ja da –, haben wir ein bißchen getanzt und viel Stimmung gemacht. Also, es war schon ein schöner Abend noch.

Interviewer: Wie geht's jetzt weiter bei Ihnen? Machen Sie jetzt Urlaub, oder wird jetzt noch weitergefeiert?

Pierre Littbarski: Ja, ich . . . nach zwei Tagen hast du kein . . . keine Energie mehr fürs Feiern. Morgen ist noch eine . . . ein Empfang in Köln, und dann geht's in Urlaub 8 Tage.

Bericht: Vorher ging's aber in einem Autokorso Richtung Innenstadt. Tausende Fußballfans säumten die Strecke. Überall gab es tosenden Beifall. In der Frankfurter City ging zu dieser Zeit nichts mehr. König Fußball hatte den Verkehr zum Erliegen gebracht. Teamchef und Kaiser Franz Beckenbauer dagegen genoß die Ovationen zum Abschluß und als Höhepunkt seiner einzigartigen Karriere. Dann endlich zeigten sich die Stars. Die bundesdeutsche Fußball-Nationalmannschaft, Weltmeister 1990, nahm das verdiente Bad in der Menge.

2 Abzug ausländischer Soldaten *(4 mins) 04.50*

Einführungsbericht

Guten Tag, liebe Zuschauer. In dieser Reportage sind wir in Saarburg, einer kleinen Stadt nicht weit von Trier. Hier sind seit langer Zeit französische Soldaten stationiert. Saarburg ist also eine **Garnisonsstadt**. Jetzt aber sollen die Soldaten die Bundesrepublik verlassen. Das hat Konsequenzen für die Stadt und die ganze Region. Es sind dies soziale Folgen, weil die Franzosen ein gutes **Verhältnis** zu den Deutschen haben und die französische **Militärgemeinde** in das Alltagsleben integriert ist; viele haben auch privaten Kontakt.

Der **Abzug** hat auch wirtschaftliche, also ökonomische Folgen. Französische Soldaten und ihre Familien kaufen viel bei den Geschäftsleuten; das bringt **Kundschaft und Kaufkraft** in die Stadt. Der Abzug wäre auch deshalb ein echter Verlust.

Der Ministerpräsident von Rheinland-Pfalz **fordert**, daß die Franzosen sich bei dem Abzug Zeit lassen. Auch der Bürgermeister von Saarburg schreibt an den deutschen Bundeskanzler und bittet ihn, **sich dafür einzusetzen**, daß die französischen Soldaten in Saarburg bleiben können. Wie er sich das genau vorstellt, erfahren wir in unserem Bericht.

Sat.1 Reportage

Sprecherin: Saarburg bei Trier ist eine der Städte, die direkt vom Abzug der französischen Truppen aus der Bundesrepublik betroffen ist. Hier und in den anderen Garnisonsstädten sieht man eher skeptisch in die Zukunft. Der Ministerpräsident von Rheinland-Pfalz forderte, die Franzosen mögen sich beim Abzug Zeit lassen, damit die sozialen Folgen für die Region abgefangen werden können. Beate Schulz war in Saarburg.

Bericht: „Sehr geehrter Herr Bundeskanzler, darf ich Sie bitten, sich für den Erhalt der französischen Garnison in Saarburg einzusetzen", das schrieb so höflich wie bestimmt der Bürgermeister von Saarburg an Helmut Kohl, gleich als die ersten Gerüchte über die Abzugspläne der Franzosen bekannt wurden. Saarburg will seine französischen Soldaten behalten.

Geschäftsfrau: Seit 36 Jahren bedien' ich die Franzosen auch als Kunden hier, und wir haben ein sehr gutes Verhältnis.

Mann: An und für sich hatten wir in Saarburg immer ein gutes Verhältnis mit den Franzosen, ja und es wär' für uns ein echter Verlust.

Frau: Es würd' mir echt leid tun. Die Geschäftsleute sprechen Französisch, oder versuchen sie zumindest. Die Franzosen sind sehr nett, sehr freundlich, und viele haben auch privaten Kontakt. Also wir finden's sehr schade.

Bericht: Das beschauliche Städtchen hat 6000 Einwohner, hinzu kommen 3000 französische Soldaten mit ihren Familien. Das bringt Kundschaft, Kaufkraft für die mittelständischen Betriebe. Aber das Geld ist es nicht allein. Die französische Militärgemeinde ist in das Alltagsleben integriert, gibt der Stadt ein bißchen internationales Flair.

Henri Ollion (Standortkommandeur): „Ich persönlich würde gerne in Saarburg bleiben", sagt der Standortkommandant. „Ich war schon 3mal hier stationiert und fühl' mich wohl in dieser charmanten Stadt. Aber ich bin ein Soldat, und wenn ich abkommandiert werde, muß ich gehen."

Bericht: „Sehr geehrter Herr Bundeskanzler, vielleicht könnten die Saarburger Franzosen in die deutsch-französische Brigade integriert werden", schlägt der Bürgermeister in seinem Brief weiter vor. Dasselbe hat er übrigens dem französischen Präsidenten Mitterand geschrieben. Da kann man nur feststellen: Lernziel erreicht. Das alte deutsch-französische Freund-Feind-Denken gibt es in Saarburg nicht mehr.

3 Pflegenotstand *(4 mins) 08.30*

Einführungsbericht

Guten Tag, liebe Zuschauer. Unsere nächste Reportage schildert den Notstand oder die Krise in **Pflegeberufen**. Es gibt nämlich zu wenig ausgebildete Krankenschwestern und -pfleger, um alle Patienten richtig **betreuen** zu können. Der Grund: ein wenig attraktives Gehalt und zu viele Arbeitsstunden. Das **schreckt** viele **ab**.

Die Situation wird in unserem Bericht am Beispiel einer **chirurgischen** Universitätsklinik in Bonn gezeigt. Es gibt zu wenig Betten und zu viele Patienten, aber die Pfleger dürfen **keinen Notfall abweisen**. Zu wenig Fachpflegekräfte, also voll ausgebildete Krankenschwestern und -pfleger stehen zur Verfügung. Kurz gesagt: es **herrscht** ständiger **Pflegemangel**. Außerdem müssen Pfleger oft **berufsfremde Tätigkeiten ausüben**. Das sind Tätigkeiten, die nicht zu ihren Aufgaben gehören. Wegen dieser ständigen Zusatzbelastung verlassen viele Fachkräfte den Beruf, sie **springen ab**.

Eine Lösung für den Notstand sieht man mit Skepsis: die Einführung eines **allgemeinen sozialen Pflegejahres**. Das bedeutet, jede Pflegekraft muß vor der Ausbildung ein Jahr lang in einem Krankenhaus arbeiten. Warum dieser Vorschlag mit Skepsis gesehen wird, hören Sie in unserem Bericht.

Sat.1 Reportage

Sprecherin: Noch einmal zurück ins Inland. Und hier zu einem der brennenden, aktuellen Probleme – gemeint ist der Pflegenotstand. Wie viele Menschen darunter zu leiden haben, läßt sich nur schwer schätzen. Fest steht dagegen, daß noch 250 000 Pfleger gebraucht werden, um die Patienten rund um die Uhr richtig betreuen zu können. Was viele abschreckt vom Beruf des Krankenpflegers, das ist die viele Arbeit für wenig Geld. Meine Kollegin Christina Blumrath schildert die Misere am Beispiel einer Bonner Klinik.

Bericht: Die Intensivstation der Chirurgischen Universitätsklinik auf dem Bonner Venusberg. Zur Zeit werden hier 10 Beatmungspatienten betreut. Eigentlich sollten nur 8 Betten belegt werden, aber kein Notfall darf abgewiesen werden. Der Stellenplan sieht 38 Fachpflegekräfte vor, aber nur 32 examinierte Pfleger stehen zur Verfügung. Durch Schichtdienst und Wochenenddienst herrscht ständiger Pflegemangel. Ein Pfleger auf ein Bett, das ist Illusion. Es fehlt auch an Pflegekräften. Der letzte Zivildienstleistende mußte durch die verkürzte Dienstzeit vorzeitig entlassen werden. Für die Fachpflegekräfte werden Tätigkeiten wie Spülen und Schrubben zur unvermeidlichen Zusatzaufgabe.

Hildegardis Gier (Fachschwester): Also, ausgebildet bin ich für die Pflege am Patienten, und speziell für die Pflege am Intensivpatienten beziehungweise in der Anaesthesie-Abteilung. Mit der Fachausbildung habe ich insgesamt 5 Jahre gelernt. Nur diese Aufgaben gehören im weitesten Sinne dazu, und da das Hilfspersonal fehlt, müssen wir's halt machen, da wir sonst nichts haben, um am Patienten arbeiten zu können.

Bericht: Durch die ständige Zusatzbelastung springen immer mehr Fachpflegekräfte nach wenigen Dienstjahren ab. Ein monatlich wenig attraktives Nettogehalt von fünfzehn- bis achtzehnhundert Mark hält niemanden lange.

Klaus Ringelstein (Pflegeleiter): Abhilfe kann man schaffen, indem man diesen Beruf attraktiver macht, finanziell attraktiver, obwohl das in meinen Augen nicht der Schwerpunkt ist, sondern weg von berufsfremden Tätigkeiten.

Bericht: Die Einführung eines allgemeinen sozialen Pflegejahres zur Problemlösung sieht man hier in der Klinik mit Skepsis. Können denn, so fragen sie, unmotivierte, billige Kräfte Fachpersonal ersetzen?

4 *Ausbildung*   *(3 mins) 12.10*

Einführungsbericht

Guten Tag, Liebe Zuschauer. Unser heutiges Thema beschäftigt sich mit der Ausbildung eines russischen Bauern, der auf einem bayerischen Bauernhof **in die Lehre geht**, das heißt, er macht dort eine Ausbildung. Er erfährt, wie Kapitalisten **Landwirtschaft betreiben**, und erlebt insbesondere die Produktionsmethoden in einer **Marktwirtschaft**, die **wettbewerbsorientiert** ist.

Der **Betriebsablauf** dieses Familienunternehmens unterscheidet sich sehr von der Art und Weise, wie eine **Kolchose**, also ein kollektiver Bauernhof, in Rußland betrieben wird. Die modernen Geräte haben es dem jungen Bauern sehr **angetan**, das heißt, sie faszinieren ihn besonders. Was ihn auch sehr beeindruckt, ist das Organisationstalent der Deutschen, die weniger arbeiten und doch mehr **erwirtschaften**, also produzieren als in der Sowjetunion. Er hofft, daß er bald auch in der Sowjetunion in die eigene Tasche **wirtschaften** darf.

Aber bedeutet diese Lehre nicht, daß die bayerischen Bauern die Konkurrenz der Zukunft **heranzüchten**, also Rivalen ausbilden? Was ein Sprecher dazu meint, erfahren wir in unserem Bericht.

Sat.1 Reportage

Sprecher: Daß die Wolga-Kossaken, zum Beispiel in München, Zehntausende begeistern können, kein Thema. Daß aber ein russischer Bauer auf einem bayerischen Hof in die Lehre geht, das ist ein Thema, auch für Martin Pendel.

Bericht: Perestroika und Glasnost haben es möglich gemacht. Der sowjetische Jungbauer Sergeij Ermakov fühlt sich schon sichtlich wohl bei seinem bayerischen Lehrherrn Gasteiger. Wie er erleben derzeit 26 russische Praktikanten auf bayerischen Höfen, wie die Kapitalisten Landwirtschaft betreiben. Auf Gasteigers Putenhof lernt Ermakov den Betriebsablauf eines Familienunternehmens und die Produktionsmethoden hierzulande kennen, erfährt, worauf zu achten ist, wenn man solches Federvieh nach den Gesetzen einer wettbewerbsorientierten Marktwirtschaft qualitativ hochwertig produzieren will.

Der moderne Maschinenpark hat es dem jungen Mann aus einer Kolchose 300 Kilometer östlich von Moskau gewaltig angetan. Mit solchem teilweise mit Computern ausgerüsteten Gerät würde er daheim auch gerne arbeiten. Eines Tages wird das möglich sein, hofft er, wenn die Reformen in der Sowjetunion soweit gediehen sind, daß er einen eigenen Betrieb aufbauen und, wie das bei uns eben üblich ist, in die eigene Tasche wirtschaften darf. Was hat ihn bisher am meisten beeindruckt? Das Organisationstalent der Deutschen, die Technik, und daß die Bauern hier weniger arbeiten und doch viel mehr erwirtschaften als bei uns daheim, sagt er. Und züchten die bayerischen Bauern da nicht die Konkurrenz der Zukunft heran?

Martin Haushofer (Bayerischer Bauernverband): Wenn Sie die Welt im ganzen nehmen, sind die Weltgetreidevorräte am niedrigsten im Moment, und die Bevölkerung wächst, und wir sind daran interessiert, daß auch in Rußland ein vernünftiger Landbau betrieben wird mit möglichst wenig Chemie.

5 *Die Bahn*   *(3 mins) 15.30*

Einführungsbericht

Guten Tag, liebe Zuschauer. Von der Deutschen Bundesbahn hört man Konzepte und Slogans wie: die Bahn ist schnell, preiswert und nicht zuletzt umweltfreundlich. Aber diese Slogans werden nicht immer **in die Praxis umgesetzt**. Ein Beispiel: der Reisegepäcktransport. Dafür sollte es ein durchrationalisiertes System auf **Schienen** geben, aber oft transportieren LKWs Gepäck auf Straßen von größeren zu kleineren Bahnhöfen. Das bedeutet unnötige **Abgase** und ist nicht gerade umweltfreundlich.

Der Grund für diese Art des Transportes: die Deutsche Bundesbahn ist ein normales **Wirtschaftsunternehmen**, also eine normale Firma, und muß so billig wie möglich arbeiten. Speditionen können aber solche **Transportleistungen** oft preiswerter **erbringen** als die Bahn. Was kann also der umweltbewußte Reisende nur tun? Hören Sie zu!

Sat.1 Reportage

Sprecher: Ja, und die Aktien, die die Bundesbahn bei uns hat, sind nicht immer gut. Denn schnell will sie zwar auf der einen Seite sein, die Bundesbahn, und preiswert und nicht zuletzt umweltfreundlich, aber sie ist auch nicht verlegen um gute in erster Linie Konzepte und Slogans. Verlegen ist sie nämlich manchmal dann, wenn es um das Umsetzen in die Praxis geht, und da ist nicht alles rosarot. Jüngstes Beispiel: das . . . der Reisegepäcktransport. Ein Bericht von Konstanze Haus.

Bericht: Knotenpunkt, so heißt das neue Zauberwort der Bundesbahn. Zwischen 34 Großbahnhöfen von Hamburg bis München wird das Reisegepäck zentral und vollautomatisch umgeschlagen. Ein durchrationalisiertes System für die Schiene, das aber ohne die Straße nicht funktioniert. Den Transport vom Knotenpunkt zu den kleinen Bahnhöfen und wieder zurück haben zu einem großen Teil Speditionen übernommen. Dieser LKW hier pendelt zum Beispiel 3mal täglich zwischen Hamburg und Stade, um Gepäck abzuholen und auszuliefern. Pro Tag rund 500 Kilometer Straße, und pro Tag 500 Kilometer Abgase, zu denen die Bundesbahn eigentlich die Alternative sein sollte. Die Werbung ist eindeutig, aber die Realität spricht dagegen. Für die LKW gibt es nur eine politische Begründung.

Helmut Kujawa (Sprecher Deutsche Bundesbahn): Die Deutsche Bundesbahn muß sich wie ein Wirtschaftsunternehmen am Markt behaupten, und deswegen muß sie alle die Leistungen, die andere besser, vor allem eben preiswerter erbringen können als sie, von diesen machen lassen. Für die Verkehrspolitik ist der Verkehrsminister zuständig, und die Gesetzeslage verlangt von der Deutschen Bundesbahn, daß sie wie ein Wirtschaftsunternehmen geführt wird.

Bericht: Wer also seinen Koffer umweltschonend transportieren will, nimmt ihn besser gleich mit ins Abteil.

6 Der wachsende Müllberg (3 mins) 18.30

Einführungsbericht

Guten Tag, liebe Zuschauer. In dieser Reportage geht es um ein großes Problem für die Umwelt: die Verpackung, die **ruck-zuck**, oder einfach sehr schnell, im Abfall landet.

Der Umweltminister will **den Kampf** gegen den dadurch wachsenden Müllberg **aufnehmen**, da - wie er meint - ein Großteil der Verpackung für den Kunden **entbehrlich**, oder mit anderen Worten unnötig ist.

Die Verpackungsindustrie ist da ganz anderer Ansicht. Für sie gehört **das Drumherum** zum Marketing. Deshalb bevorzugt sie zum Beispiel **Einwegflaschen**, also Flaschen, die nur einmal verwendet werden. Der Minister dagegen will der freiwilligen Rückgabe von Einwegflaschen mit einem **Pfand** nachhelfen, das heißt, der Kunde zahlt ein paar Pfennige mehr, die er bei Rückgabe wiederbekommt. Der Hersteller hätte dagegen an einem eventuellen Verbot von Einwegflaschen **schwer zu schlucken**. Warum, erfahren wir in unserem Bericht.

Sat.1 Reportage

Sprecher: In Düsseldorf begann heute die Interpack 90, die Fachmesse der Verpackungsindustrie. Knapp eine Woche lang werben mehr als zweitausend Aussteller für ihren Wirtschaftszweig. Ein schwieriges Geschäft, denn die Verpackung ist in Verruf geraten. Zuviel davon läßt den Müllberg schneller wachsen. Genau diesen Berg will der Umweltminister zügig abtragen. Wie, berichtet Sven Göran May.

Bericht: Wenn der Bundesumweltminister einen neuen Müllwagen einweiht, dann so, wie er ihn am liebsten hat: leer. Den Kampf gegen den wachsenden Müllberg nimmt Klaus Töpfer jetzt dort auf, wo auch das verkauft wird, was ruck-zuck im Abfall landet, und sei es als Mülltüte. Ein Großteil der Verpackung ist für den Kunden entbehrlich oder sogar lästig. Nicht jedoch für die Hersteller, denn das Drumherum gehört zum Marketing. Je kleiner das Produkt, desto schwieriger ist es auch, den Markennamen unterzubringen. Und da setzt der Druck auf die Industrie an. Die überflüssige Verpackung soll der Verbraucher nicht mehr mit nach Hause schleppen müssen. Wenn der Händler künftig zusehen muß, wo er mit dem Müll bleibt, den er selbst bestellt hat, dürfte so mancher reagieren.

Bericht: Auch bei der freiwilligen Rückgabe von Einwegflaschen will der Minister künftig mit einem Pfand nachhelfen. Bei Limonade, Wasser und Bier ist das gang und gäbe, aber nicht alles läßt sich in einer Flasche verkaufen, der man ansieht, wie oft sie schon über den Ladentisch gegangen ist. Ein teureres Getränk in einer abgenutzten Flasche ist kaum mehr an den Mann zu bringen, jedenfalls nicht zum bisherigen Preis. Das Produkt soll außerdem auf den ersten Blick erkannt werden. Und das lassen sich die Hersteller gerne etwas kosten. Bei ihnen gehört die Flasche, die manchmal Jahre im Schrank steht, bevor sie in den Glascontainer wandert, zum Konzept. Zur Einwegflasche sehen sie keine Alternative, und an einem eventuellen Verbot hätten sie schwer zu schlucken, denn wenn das Geschäft erst ins Stocken gerät, ist es schwer wieder in Gang zu bringen.

7 Wohnungsnot (4 mins) 21.50

Einführungsbericht

Guten Tag, liebe Zuschauer. In diesem Bericht sieht sich die Reporterin auf dem Wohnungsmarkt in Bonn um. Es wird gezeigt, wie schwierig es ist, eine Wohnung zu finden. Die Situation wird immer **brisanter**, oder kritischer, und zwei Beispiele machen das deutlich.

Zuerst die Familie Benkali. Im Moment haben sie nur eine Tochter, aber bald kommt ein zweites Kind zur Welt. Ihre Wohnung ist schon jetzt zu klein und auch zu teuer. Die Benkalis versuchen seit langem **vergeblich**, also ohne Erfolg, eine größere Wohnung zu finden.

Ein Sprecher vom Wohnungsamt erklärt, warum die **Nachfrage nach Wohnungen** so groß ist, mit anderen Worten, warum so viele Leute eine Wohnung suchen: es gibt so viele **Übersiedler, Aussiedler und Asylbewerber**.

Viele Familien sind **wohnungsberechtigt**, d.h. sie haben ein Recht auf eine Wohnung, wie zum Beispiel auch die Familie Koppe. Vater Koppe ist arbeitslos, so daß die Familie von **Sozialhilfe, Arbeitslosengeld und Kindergeld** leben muß. Die Wohnung ist zu klein, und die Eltern schlafen im Wohnzimmer, damit die Kinder mehr Platz haben. Frau Koppe hätte gern ein eigenes Schlafzimmer; dann könnte sie **sich** mal mittags **ausruhen**. Aber wenn mal eine Wohnung frei wird, gibt es trotzdem noch oft ein besonderes Problem. Welches, erfahren Sie gleich.

Sat.1 Reportage

Sprecherin: Nun, ab heute gibt es auch mehr Wohngeld vom Staat und dazu auch noch das Versprechen, bis 1992 eine Million neuer Wohnungen zu bauen. Doch diese Maßnahmen der Bundesregierung sind nur ein Tropfen auf den heißen Stein. Nach wie vor gibt es viel zu wenig Wohnraum, und die Situation wird immer brisanter. Ein Beispiel: der Bonner Wohnungsmarkt. Dort hat sich Christina Blumrath umgesehen.

Bericht: Das ist Gabriele Benkali mit Tochter Munja. Seit anderthalb Jahren fragt sie auf dem Bonner Wohnungsamt vergeblich nach einer größeren Wohnung. Die Verhältnisse in der 48-Quadratmeter-Wohnung sind schon für die 3-köpfige Familie zu eng. In wenigen Wochen wird das zweite Kind zur Welt kommen. Einen Ausweg sieht Vater Benkali nicht.

Herr Benkali: Die Wohnung ist zu teuer. Ich bezahle also insgesamt mit Strom und Telefon 1000 Mark, und ich verdiene nur 1600 Mark.

Bericht: So dürfte auch die neuere, größere Wohnung nicht mehr kosten. Die Familie wird sich wohl weiter gedulden müssen, denn die Lage auf dem Bonner Wohnungsmarkt wird sich in der nächsten Zeit wohl kaum verbessern. So sieht es auch das Bonner Wohnungsamt.

Rolf Ackermann (Wohnungsamt Bonn): Wir haben eine sehr große Nachfrage nach Wohnungen, verursacht durch Zuwanderung von Aussiedlern, von Übersiedlern aus der DDR, die zwar jetzt nicht mehr kommen, aber die noch da sind, die also noch in unzulänglichen Übergangseinrichtungen leben, und letzten Endes auch durch Asylbewerber, die in großer Zahl nach Bonn geströmt sind und insoweit den Wohnungsmarkt leergefegt haben.

Bericht: Rund 3000 wohnungsberechtigte Familien suchen derzeit eine Wohnung in Bonn. Zu ihnen gehört auch die Familie Koppe aus Tannenbusch. Mit 9 Personen wohnen die Koppes auf rund 90 Quadratmeter. Mindestens 165 Quadratmeter stünden ihnen eigentlich zu. Vater Koppe ist arbeitslos. Die Familie lebt von Sozialhilfe, Arbeitslosengeld und Kindergeld. Um den Kindern keinen Raum wegzunehmen, schlafen die Eltern im Wohnzimmer.

Frau Koppe: Ein Schlafzimmer wär 'nicht schlecht, wo ich dann auch mal mittags sagen tät (würde): so, ich geh' 'ne Stunde schlafen und komm' dann ausgeruht wieder.

Bericht: Die Vergangenheit hat gezeigt: wird mal eine größere Wohnung frei, spielt oft der Vermieter nicht mit.

8 *Phantom der Oper*   (4 mins) 25.50

Einführungsbericht

Guten Tag, liebe Zuschauer. In dieser Reportage ist man auf der Spur des Musicals ‚Phantom der Oper'. Nach dem französischen Roman treibt ein Phantom seinen Spuk in den Kellern der Pariser Oper. Das Monster verliebt sich in eine junge Opernsängerin. Es **beschert ihr die ersehnte Karriere**, d.h. es verhilft ihr zur gewünschten Karriere, aber dafür muß die Sängerin dem Monster ihre Liebe schenken. Am Ende jedoch kommt sie frei und findet ihren wahren Liebhaber.

Das Musical hat jetzt Premiere in Hamburg, vier Jahre nach der **Welturaufführung**, das ist die Weltpremiere, in London. Die Produzenten hoffen, daß das Musical auch in Hamburg viel Geld in die Kasse bringen wird. Für die Aufführung hat man extra ein neues Theater gebaut mit dem Namen ‚Neue Flora'.

Nicht weit davon gibt es das alte Varieté-Theater ‚Flora'. Dort wollten die Bürger jedoch keine **Kulturschickeria**: das sind Leute, die sich besonders schick finden. Sie **vertrieben** den Produzenten und sein Phantom. Trotzdem ist heute abend im neuen Kulturpalast Premiere. Einiges wird allerdings etwas anders sein als bei der **Probe**.

Sat.1 Reportage

Sprecher: Andrew Lloyd Webber hat gute Aktien in Hamburg, denn bereits seit der Londoner Welturaufführung vor 4 Jahren ist sein Musical ‚Phantom der Oper' von gespenstischem Erfolg begleitet. Nach der Premiere heute im Hamburger Theater ‚Neue Flora' hoffen die Produzenten, daß sich das Phantom mit klingender Münze zehn Jahre in Hamburg einnistet. Karin Jansen auf der Spur des Phantoms.

Bericht: Seinen Spuk trieb es schon - so sagt es jedenfalls die französische Romanvorlage - vor 100 Jahren in den Kellern der Pariser Oper. Seitdem ist es nicht totzukriegen. Frei nach dem Motiv von ‚King Kong' oder ‚Die Schöne und das Biest' verliebt sich ein Monster - hinter der Maske steckt Wagner-Tenor Peter Hofmann - in die junge Opernsängerin Christine und beschert ihr die ersehnte Karriere. Christine muß ihm dafür ihre Liebe schenken. Am Ende aber ist alles gut: Christine - alias Anne-Maria Kaufmann - kommt frei und findet ihren wahren Liebhaber. Ob es dem Musical am Ende auch so geht, das wird sich zeigen.

Die Premiere haben Kritiker und Gegner nicht verhindern

können. Bis auf den letzten Drücker wurde in Tag-und-Nacht-Arbeit extra ein neues Theater gebaut: ein postmodernes Gebäude in Form eines Schiffsbugs. Nur der Name erinnert noch an das alte Varieté-Theater ‚Flora' ein paar Straßen weiter in der Nähe des Hamburger Stadtteils St. Pauli. Dort hatten Bürger Produzent Friedrich Kurz und sein Phantom vertrieben, weil sie die Kulturschickeria nicht in ihrem Wohnviertel haben wollten. Doch der schwäbische Kulturmanager Kurz hat sich in Hamburg durchgesetzt. Eigens angereist: Komponist Andrew Lloyd Webber mit Frau Sarah. Webber glaubt auch an den deutschen Phantom-Erfolg. Jetzt ist sogar ein Film geplant. Es ist ein großer Film. Im Januar soll's losgehen.

In wenigen Minuten ist Premiere. Und was es bei der Probe nicht gab: Kristallüster werden fallen, künstliche Kerzen aus dem Boden wachsen, 300 Kilo Trockeneis in Nebelschwaden aufgehen. Spuk und Maskentanz im neuen Kuturpalast.

9 *Passionsspiele*   (3 mins) 29.50

Einführungsbericht

Guten Tag, liebe Zuschauer. Sicher haben Sie schon von den Passionsspielen gehört, die alle 10 Jahre in Oberammergau stattfinden. Darum geht es in diesem Bericht. Eine alte Tradition sagt nämlich, daß **sich** dort nur Frauen **bewerben** dürfen, die unverheiratet und jünger als 35 Jahre sind. Alle anderen Frauen **hatten** bisher auf der Bühne **nichts verloren**, d.h. sie durften nicht auf die Bühne. Ein **Auftritt** war ihnen **versagt**, also verboten.

Drei Frauen fanden das **zum Heulen** und ungerecht und gingen vor das **Verwaltungsgericht** in München. Es gibt ja schließlich Gleichberechtigung und Schutz der Ehe. So steht es zumindest in der **Verfassung**. Nach 10 Jahren nun hat sich das Gericht endlich entschieden. Wie, das erfahren Sie in unserem Bericht.

Sat.1 Reportage

Sprecherin: Wieder ins Inland, liebe Zuschauer. 350 Jahre sind genug, entschied der Bayerische Verwaltungsgerichtshof in München und fegte eine alte Tradition einfach so vom Tisch. Ab sofort dürfen sich nämlich bei den Oberammergauer Passionsspielen alle Frauen bewerben. Ein Auftritt dort war bislang Verheirateten und über 35jährigen versagt. Für gestandene Mannsbilder grenzt der Richterspruch fast schon an eine bajuwarische Revolution.

Bericht: Oberammergau: Idyll im Schutz der Alpen, Bayern total. Daß es hier so viele Holzköpfe gibt, ist absolut gewollt, nicht nur im künstlerischen Sinn. 'Mir san mir, und die Tradition, ja mei, des muos so sein', vor allem bei den Passionsspielen, wie die Einheimischen sagen. Mütter und Alte - und jeder über 35 ist halt mal alt im Sinn der Verordnung - hatten bisher auf der Bühne nichts verloren; nicht als Maria, nicht als Magdalena und nicht als weinendes Volk. Zum Heulen fanden das drei derart Geschmähte, sahen sie doch nicht ein, daß die Mutter eines 33jährigen Jesus gerade der Pubertät entwachsen sein durfte. Nach 10jährigem Rechtsstreit gab ihnen der Verwaltungsgerichtshof weitab im fernen München recht. In der Verfassung steht ja immerhin was von Gleichberechtigung und Schutz der Ehe, Tradition hin, Passion her. Der Bürgermeister war ja eh schon immer dieser Meinung. Und so nimmt die Posse am 15. Mai endlich ihr Happy End: die drei Frauen dürfen auf die Bühne. Ja, ein Platzerl vorm Kreuz zum Weinen wird sich schon noch finden.

10 *Weltraumzentrum Oberpfaffenhofen* (3 mins) 32.50

Einführungsbericht

Guten Tag, liebe Zuschauer. Heute gehen wir nach Oberpfaffenhofen in die Deutsche **Forschungsanstalt** für Luft- und **Raumfahrt**. Dort feiert man eine Expansion des Weltraumzentrums. Es gibt nämlich neue **Betriebszentren**. Mit einem kann man bald deutsche Astronauten **ins All** schicken und die Raumfahrtmission **steuern**. Man kommuniziert auch mit den Astronauten im Weltraumlabor, die dort neue **Aufgaben ausführen**.

In einem anderen wird getestet, wie man zum Beispiel Satelliten per **Fernsteuerung**, also von weit weg, stabil in ihrer **Umlaufbahn** halten kann. Priorität aber hat die Robotertechnologie. Warum, erfahren wir im folgenden Bericht.

Sat.1 Reportage

Sprecherin: Nach Oberpfaffenhofen. Dort gab es heute Grund zu feiern. Die Deutsche Forschungsanstalt für Luft- und Raumfahrt hat eine neue wichtige, das heißt verschiedene neue wichtige Betriebszentren hinzubekommen. Damit sind die Voraussetzungen dafür geschaffen, daß in 2 Jahren ein deutsches Raumlabor mit 2 oder 3 deutschen Astronauten ins All geschickt werden kann. Das ist die sogenannte D-2-Mission. Aus Oberpfaffenhofen berichtet Martin Pendel.

Bericht: Die Zeit der Blechbarracken in der deutschen Luft- und Raumfahrtforschung geht zu Ende. Für Supertechnologie und immer bedeutendere Vorhaben im All braucht man halt auch bedeutende Räumlichkeiten. Rund 100 Millionen Mark wurden für 3 neue Betriebszentren hingeblättert. Von diesem Kontrollzentrum wird die zweite deutsche Raumfahrtmission 1992 gesteuert. Von hier kommunizieren Wissenschaftler und Techniker mit den deutschen Astronauten im All, empfangen massenhaft Daten, werten sie aus und stellen neue Aufgaben, die im Weltraumlabor dann ausgeführt werden.

Epos heißt das andere Zentrum, in dem mit neuesten Erkenntnissen getestet wird, wie ein Raumfahrzeug an ein anderes andockt, und zwar unter verschiedensten Bedingungen. Hier wird auch ausprobiert, wie man Satelliten per Fernsteuerung stabil in ihrer Umlaufbahn halten kann. Und Roboter im All werden hier getestet, und zwar wie sie am besten von der Erde aus gelenkt werden können. Die Entwicklung der Robotertechnologie hat Priorität bei Europas Raumforschern. Sie sind nämlich der Ansicht, daß Raumfahrt ohne Menschen im All einfach billiger und sicherer ist.

11 *Reisen und Urlaub* (8 mins) 35.20

A. Reisewelle

Einführungsbericht

Guten Tag, liebe Zuschauer. In dieser ersten Reportage heute geht es um den Beginn der Sommerferienzeit. Die erste Reisewelle kommt aus Nordrhein-Westfalen, dem **bevölkerungsreichsten** Bundesland, das ist das Land mit den meisten Leuten. Bei so vielen Urlaubern gibt es bald **Staus**, nicht nur auf den Straßen, sondern auch in der Luft. Heute zum Beispiel auf dem Flughafen in Düsseldorf **herrscht Hochbetrieb**. Es gibt viele Warteschlangen - kein Wunder bei so viel **Andrang**. Besonders das Personal am Last-Minute-Schalter hat alle Hände voll zu tun, denn viele Leute entscheiden sich im letzten Moment. Spontanurlaub hat nämlich einen besonderen Vorteil.

Sat.1 Reportage

Sprecherin: Tja, liebe Zuschauer, am Wetter merkt man es nicht, aber auf dem Kalender steht es: es ist Sommerferienzeit, und die erste Reisewelle rollt bereits. Im bevölkerungsreichsten Bundesland Nordrhein-Westfalen machten sich die ersten Urlauber schon auf in Richtung Süden, und bis zum Sonntag noch rechnet der ADAC mit Staus. Aber eng wird es nicht nur auf den Straßen, sondern auch im Flugverkehr gibt es Staus. Allein auf dem Düsseldorfer Flughafen starteten heute 45 000 Passagiere.

Bericht: Der Flughafen in Düsseldorf. Hier herrschte heute nachmittag Hochbetrieb. Rund 43 000 Urlauber starteten heute mit dem Jet in die Sommerferien. Viele Warteschlangen bei der Abfertigung gehörten bei so viel Andrang natürlich zur Tagesordnung. Das große Chaos zum Reisestart blieb jedoch aus, auch wenn es hier und da Verspätungen gab. Spontanurlaub ist in diesem Sommer wieder der Renner. Das Personal am Last-Minute-Schalter hatte alle Hände voll zu tun: 4 Nächte Mallorca für gut 500 Mark. Bei solch einem Schnäppchen wurde bestimmt so mancher Urlaubsstart in die Sonne versüßt.

B. Inntalautobahn

Einführungsbericht

Unser nächster Bericht kommt aus Österreich, wo die wichtigste Autobahnverbindung nach Italien **gesperrt** ist: es geht um die Autobahnbrücke über den Fluß Inn. Die Brücke hat sich um einen Meter **abgesenkt** und droht in den Fluß zu stürzen. Ein Autofahrer hatte in der Nacht bemerkt, daß die Autobahn ungewöhnlich **wellig** war. Die Ursache: Experten vermuten, daß anhaltende Regenfälle den **Brückenpfeiler unterspült** haben. Die Folgen für den Verkehr: nicht nur die Autobahn selber ist gesperrt, sondern auch eine Staatsstraße und eine Eisenbahnstrecke. An der Grenze werden keine Lastkraftwagen mehr **abgefertigt**, und der übrige Verkehr wird **umgeleitet**. Es gibt keine **Ausweichempfehlungen**, das heißt keine alternativen Strecken. Das meint der **ADAC**, also der Allgemeine Deutsche Automobilclub. Der Autoclub Europa hat aber doch eine Empfehlung.

Sat.1 Reportage

Sprecher: Schlechte Nachricht, liebe Zuschauer, für alle die, die in den nächsten Tagen und Wochen in den sonnigen Süden wollen. Die wichtigste Autobahnverbindung nach Italien ist seit heute vormittag gesperrt. Die Inntalbrücke droht einzustürzen. Die Folge: schon heute kilometerlange Staus und stundenlange Wartezeiten, insbesondere am Grenzübergang Kiefersfelden. Jürgen Focke berichtet.

Bericht: Für die Polizei grenzt es an ein Wunder, daß sich weder Unfälle ereignet haben noch Personen verletzt wurden. Erst einem aufmerksamen PKW-Fahrer war in der Nacht aufgefallen, daß die Autobahn ungewöhnlich wellig war. Kein Wunder: um insgesamt einen Meter hatte sich die Inntalbrücke abgesenkt. Die 480 Meter lange Autobahnüberführung gehörte mit zu den modernsten Österreichs. Erst 1969 war sie eingeweiht worden. Eine Fehlkonstruktion wird nach einer ersten Untersuchung ausgeschlossen. Die Experten vermuten, daß der Brückenpfeiler durch die anhaltenden Regenfälle unterspült wurde und sich somit absenkte. Allerdings passierten ähnliche Unfälle auch bei Brückenkonstruktionen in Wien, Tüging und am Rhein. Neben der Autobahn wurden die unter der Brücke führende Staatsstraße sowie Eisenbahnstrecke, die München mit Italien verbindet, gesperrt. Lastkraftwagen werden seit den Morgenstunden am Grenzübergang Kiefersfelden nicht mehr abgefertigt. Der übrige Verkehr wird durch die Ortschaft von Kufstein geleitet. Auch in den nächsten Tagen ist auf der Inntalautobahn mit Wartezeiten von mehreren Stunden zu rechnen.

Sprecher: Ausweichempfehlungen gibt es nicht. Beim ADAC (Allgemeiner Deutscher Automobilclub) teilte ein Sprecher lakonisch mit: eigentlich kann man gar nichts empfehlen; es wird alles schlimm werden. Und der Autoclub Europa empfiehlt den Urlaubern, eine Pause einzulegen und am besten erst am frühen Freitag morgen weiterzufahren.

C. Urlaub an der Ostsee

Einführungsbericht

In dieser Reportage wagt sich der Reporter an den Ostseestrand in Norddeutschland. Die Urlauber dort sind nicht **zu beneiden**, denn besonders warm ist es nicht. Aber wer hier Urlaub macht, ist **abgehärtet**, besonders die Urlauber auf dem Campingplatz. Man kann trotz des schlechten Wetters **allerhand** machen, also ziemlich viel.

Der **Kurdirektor** hat allerdings andere Erfahrungen: man sei bei schlechtem Wetter besonders kritisch, meint er. Aber bei gutem Wetter **sieht** man **über** einiges **hinweg**, das heißt, man ignoriert es. Wenn es kalt ist, ist man auch leichter schnell verschnupft. Dagegen aber hilft ein sehr **gängiges** Produkt, das ist ein Produkt, das oft gekauft wird. Was dieses Produkt ist, erfahren wir im folgenden Bericht.

Sat.1 Reportage

Sprecherin: Urlauber an der Ostsee sind zur Zeit sicherlich nicht zu beneiden. Bislang hat die Fußballweltmeisterschaft wohl noch ein wenig für Spannung und Aufregung in den grauen Ferientagen gesorgt, aber was nun? Unser Kollege Frieder Weiß hat sich heute in Gummistiefeln und Friesennerz an den Ostseestrand gewagt.

Bericht: Juli 1990. Hochsommer an der deutschen Ostseeküste. Seit Wochen ist es 35 Grad warm, 19 in der Luft, 16 im Wasser. Zu kalt denkt man, aber wer hier Urlaub macht, ist abgehärtet, flexibel und kennt den deutschen Norden.

Frau 1: Mal scheint die Sonne, mal nicht. Muß ja nicht immer die Sonne knallen.

Frau 2: Also man kann schon allerhand machen, auch wenn's Wetter nicht so ist, ne.

Bericht: Die ganz Harten sind auf dem Campingplatz. Schlechtes Wetter: egal.

Frau 3: Wenn's nun regnet? Tja, trotzdem durch die Gegend fahren. Ich mein', gibt's ja genug hier anzugucken, ne.

Bericht: Zum Beispiel mit dem Fahrrad. Und wer's ganz nett haben will, macht es sich im Zelt gemütlich. Alle sind zufrieden, keiner fliegt davon. Nur der Kurdirektor hat andere Erfahrungen.

Kurdirektor: Man ist natürlich bei dem Wetter besonders kritisch, wenn das (es) um die Ausstattung der Zimmer geht, wenn das (es) um die Qualität des Essens geht, wenn das (es) um die Qualität des Veranstaltungsangebotes geht. Da sieht man bei gutem Wetter über einiges hinweg.

Bericht: Offenbar ist man bei schlechtem Wetter doch schneller leicht verschnupft. Und dagegen hilft, oft schon am frühen Nachmittag, vor allem ein Produkt.

Händler: Alkohol. Weil wenn sie nichts anders machen können, Fernseher, Flasche Bier, das ist eigentlich doch das Überwiegende, was verkauft wird, Alkohol, das ist ein sehr gängiges(-er) Artikel jetzt zur Zeit.

12 Tag der deutschen Einheit (6 mins) 43.20

Einführungsbericht

Guten Tag, liebe Zuschauer. Unsere letzte Reportage berichtet über ein historisches Ereignis: die Vereinigung Deutschlands. Der Tag der deutschen Einheit begann mit einem feierlichen **Staatsakt** in der Berliner Philharmonie. Nach einer Kantate von Johann Sebastian Bach **hielt** unter anderem der Bundespräsident Richard von Weizsäcker **eine Rede**, in der er die Bürger des vereinten Deutschland **mahnte**, sie sollten sich gegenseitig solidarisch unterstützen. Weitere Punkte in seiner Rede waren unter anderem die Geschichte Deutschlands, seine Grenzen und die **Chance**, die Deutschland mit der Vereinigung **wahrnehmen** solle. Das war der **Auftakt** oder der Beginn der Feierlichkeiten, bei denen viele Beteiligten jedoch **eine** streng **würdevolle Miene aufsetzten**, das heißt, sie sahen sehr ernst aus.

Ausgelassener, also fröhlicher, ging es später bei den Feiern vor dem Reichstag zu. Dort herrschte eher Sonntagsstimmung. Hundertausende waren auf den Beinen und **flanierten**, also spazierten, bei herrlichem Wetter durch das Zentrum der neuen Hauptstadt. Stadtteile wie zum Beispiel der **Tiergarten** und die Straße **Unter den Linden** waren voller Menschen, für die Würstchenbuden und andere Stände **für** Abwechslung und Erfrischung **sorgten**.

Aber nicht alle Leute feierten. Mitglieder der **autonomen Szene** demonstrierten gegen die Vereinigung. Hunderte von Polizisten wurden zusammengezogen, weil man

Ausschreitungen, also gewalttätige Aktionen, befürchtete. Mehrere Demonstranten wurden von der Polizei **festgenommen**. Aber am Ende unserer folgenden Reportage wird es doch auch noch eine gute Nachricht geben.

Sat.1 Reportage

Sprecherin: Guten Abend, liebe Zuschauer. Die Nachrichten am 3. Oktober.

Sprecher: Nach der Nacht der Nächte heute nun der große Tag für Deutschland. Er begann mit einem feierlichen Staatsakt in der Berliner Philharmonie. Beate Schulz berichtet.

Bericht: Freude war das Thema der Bachkantate zum Auftakt der Feierstunde in der Beliner Philharmonie. Der Beginn der Veranstaltung geriet allerdings so feierlich, daß die Beteiligten eine streng würdevolle Miene aufsetzten. Ein Lächeln vor Freude war kaum auszumachen. Oder lag es schlicht daran, daß die politische Prominenz müde war von der durchgefeierten Nacht? Bundespräsident Richard von Weizsäcker mahnte in seiner bemerkenswerten Rede, die Bürger des vereinten Deutschland sollten sich gegenseitig solidarisch unterstützen. Wie seine Vorrednerin, Bundestagspräsidentin Rita Süssmuth, und Ex-Volkskammerpräsidentin Sabine Bergmann-Pohl erinnerte von Weizsäcker an die Schrecken der nationalsozialistischen Vergangenheit.

Richard von Weizsäcker: Die Vereinigung Deutschlands ist etwas anderes als eine bloße Erweiterung der Bundesrepublik. Der Tag ist gekommen, an dem zum ersten Mal in der Geschichte das ganze Deutschland seinen dauerhaften Platz im Kreis der westlichen Demokratien findet . . . Alle Grenzen Deutschlands sollen Brücken zu den Nachbarn werden. Das ist unser Wille . . .
Die Geschichte gibt uns die Chance: wir wollen sie wahrnehmen mit Zuversicht und mit Vertrauen. Und die Freude – wir haben es gestern abend gehört, die Freude –, die wir empfinden, sie ist ein Götterfunke.

Sprecher: Soviel vorweg. Nun direkt nach Berlin zu meinem Kollegen Harald Prokosch. Und die Frage: wird dort noch immer kräftig gefeiert?

Prokosch: Nein, also so kräftig gefeiert wie gestern wird hier nicht mehr in Berlin. Die Feiern heute am Tag der deutschen Einheit laufen eher ruhig und besinnlich. Der Platz der Republik hier vor dem Reichstag, vor dem Berliner Reichstag, wo seit heute nacht die Bundesfahne weht, ist für die Öffentlichkeit zugänglich, der Zugang zum Reichstag selbst nicht für jedermann, aber der Platz zumindest. Und hier ist eigentlich den ganzen Tag über eine ausgelassene Sonntagsstimmung, auch wenn heute Mittwoch ist. Die Menschen flanieren durch den Tiergarten. Man geht hier spazieren, man kann sich hier erfrischen, man kann an den Würstchenbuden was essen. Es ist eigentlich eher ein großes Berliner Familienfest, das hier gefeiert wird. Höhepunkt der heutigen Feierlichkeiten, das ist unbestritten, war sicher die Rede des Bundespräsidenten.
Wie in Berlin gefeiert wurde, meine Damen und Herren, das wollen wir Ihnen natürlich nicht vorenthalten. Mein Kollege Jürgen Osterhage hat unterschiedliche Eindrücke vom Tag der deutschen Einheit gesammelt.

Bericht: Berlin, Unter den Linden, mitten im Herzen der neuen deutschen Hauptstadt. Nach der turbulenten Einheitsparty herrschte heute hier Feiertagsstimmung. Ausgang für Kind und Kegel war angesagt. Hunderttausende waren auf den Beinen und spazierten im Zentrum Berlins bei herrlichem Sonnenschein. Lukullische Genüsse aller Art sorgten für Abwechslung an diesem ersten deutschen Einheitstag.
Die einen feiern, die anderen demonstrieren. Rund 10 000 Mitglieder der autonomen Szene gingen heute auf die Straße. Motto: ‚Deutschland, halt's Maul, es reicht.‘ 11 Demonstranten wurden festgenommen. Die Polizei hatte mehrere Hundertschaften zusammengezogen, weil Ausschreitungen befürchtet wurden. ‚Aufruhr, Widerstand, wir scheißen auf das Vaterland‘ riefen die Demonstranten immer wieder.
Fernab der Proteste kam heute kurz nach Mitternacht im Krankenhaus ‚Maria Heimsuchung‘ in Berlin Pankow das erste deutsche Einheitskind zur Welt. Es heißt Birgit Biemann, wiegt 2850 Gramm und ist 48 Zentimeter groß. Es bekommt jetzt einen bundesdeutschen Paß.

Prokosch: Das dürfte wohl die erste erfreuliche Erscheinung im geeinten Deutschland gewesen sein.